大展好書 好書大展

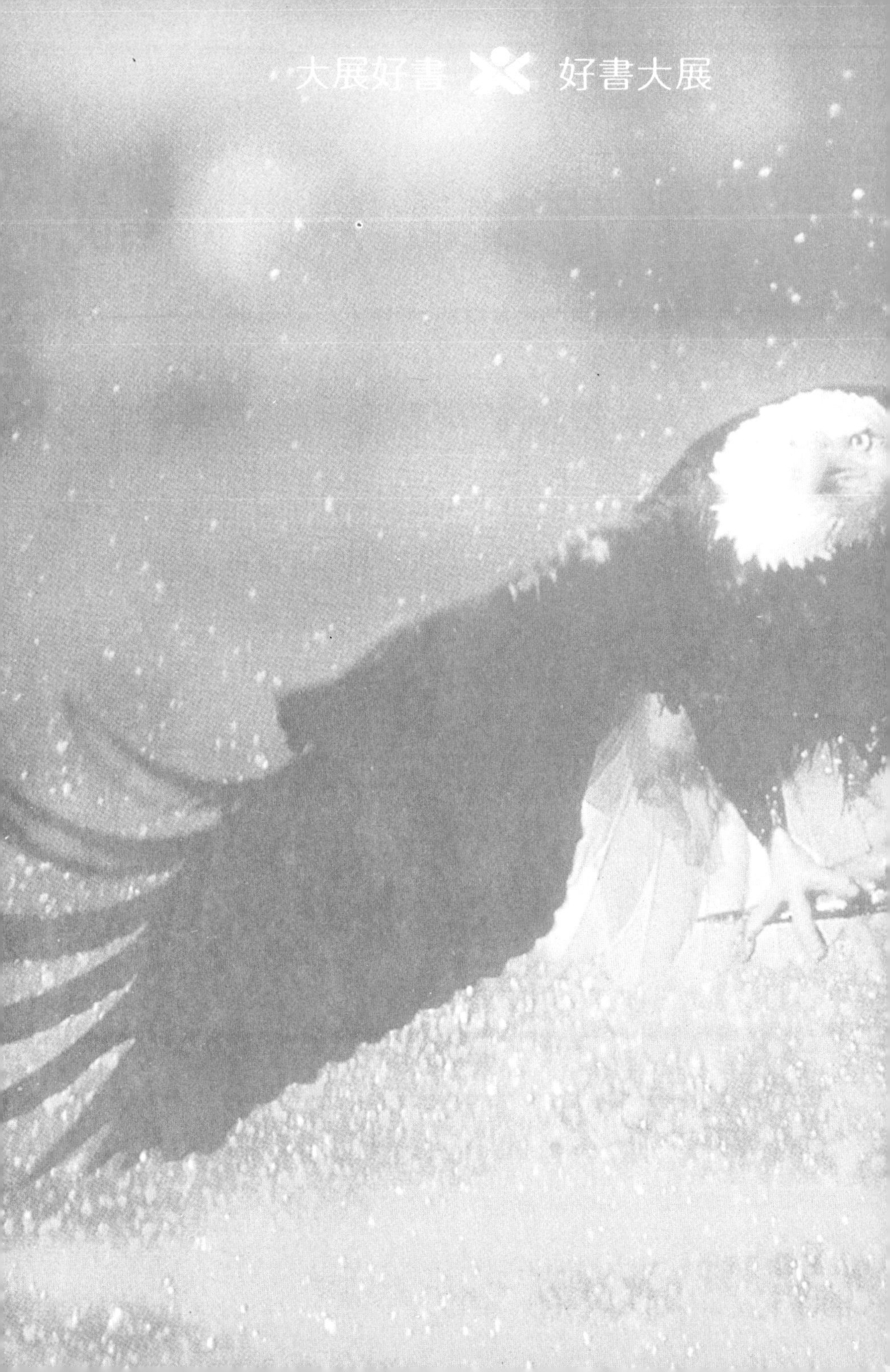
大展好書 好書大展

社會人智囊

25

金玉良言撼人心

森純大 著
劉雪卿 譯

大展出版社有限公司

序言

在臨近二十一世紀的今日，時代正急遽地變動中。身處快速轉變的經濟環境中，人類的價值觀是那麼地多樣化，幾乎可說是無哲學的時代，沒有確切的標準可循。因此，現代人常為無生存目標而感到徬徨、迷惑。

我個人認為，許多名人在適當時機說出的話，正可做為支持我們的精神食糧。

當人在面對人生各個戲劇性的變化時，不知不覺就會吐露真實的心聲；成功的時候、跌入失意谷底的時候、歡喜狂熱的時候、想對所愛之人表達愛意的時候……，在這種決定性的時刻，人們自然會打從心底說出發人深省之言。這些話是心情真切地表露、心靈純正地脫出，所以能給讀者勇氣和信心，引起讀者的共鳴。

語言是活生生的東西，活生生的語言中必須具備不屈不撓地毅力和精神力量；有些人從中讀取指引人生方向的哲學，有些人從中得到靈感和暗示。

不論什麼時代，人類都是如此透過先人的語言獲得生存的智慧或勇氣，然後再從中創造出只屬於自己的、嶄新的生活方式，一代傳一代，不斷地累積人類的睿智。

本書收錄的是，支撐今日日本的各界名人所發表過的——金玉良言，這些名言反映出他們的生活方式及思考模式，是「創造性人生」的指標。

在編輯此書時，我的著眼點強調「現代」的時代性。只要您讀過後就會了解，在書中的登場人物幾乎都在各自領域的第一線中活躍；也就是說，他們都是和我們同時存活於「現在」的現代人。即使有少數已故的名人，他們的精神仍延續至今。

書中所用詞句皆樸實無華，以強調人生教訓為主要目的，希望讀者能了解筆者的用心。此書若能成為讀者們的貼心朋友，並反映於讀者的人生中，那筆者就心滿意足了。

目錄

第一章　掌握時代的先機……七
第二章　掌握人心……二九
第三章　成功的途徑……五三
第四章　克服困難……七七
第五章　秉持信念……九九
第六章　培養創造力……一二五
第七章　思考你的人生……一四九
第八章　男人和女人的關鍵語……一七五

第1章……

掌握時代的先機

……

◎快零點三步

△佐治敬三　一九一九年生於大阪府。爲三多利（Suntory）前身，壽屋創始人鳥井信治郎之次子。畢業於阪大理學部，一九四五年入壽屋工作，六一年成爲社長。以掀起威士忌熱聞名一時，現在致力於啤酒、食品、醫藥品之多角化經營。

「洞察先機」可以說是現代上班族必備的條件，然而，說起來容易做起來難，預測未來乃至難之事。

因此，三多利的會長佐治先生提出「快零點三步」的預測方法：

「人不能預測太遠的事，所以，只要隨時抱著『要看到零點三步』後未來的心情就可以了。」

即使不知道十年後將發生什麼事，總該了解明天、後天的情況。因此，首先應從自己能掌握的範圍著手，逐漸培養預測能力。這就是佐治先生踏實的建議！

◎引人矚目乃致勝之道

△ビートたけし　一九四八年生於東京。明治大學肄業。在相聲流行時，與ビートきよし搭擋表演，一躍而成相聲界紅人。之後，兩人各自發展，ビートたけし成爲作家、演員兼電影導演，才華洋溢。

當代名言家ビートたけし説過的名言中，最引人矚目的，莫過於標題的一句。

在這個價值觀多樣化的時代中，光覺得自己優秀是沒用的，必須適切地用手段表現自己，確立自己的社會地位，彰顯自己的存在。

換句話説，在現今的社會中，人不再因優秀而引人矚目，而是引人矚目後變得優秀。

ビートたけし已經看透一件事，那就是—引人矚目可以喚起一個人的鬥志！

「如何讓自己出色」，恐怕已成爲這個時代不可欠缺的課題了！

◎堅持夢想為革新之母

△井深大　一九〇八年生於枥木縣，早稻田大學畢業。爲新力（Ｓｏｎｙ）名譽會長，「技術者型經營者」的代表。透過開發日本最早的磁帶錄音機和電晶體收音機，創造了「新力神話」。一九八九年受頒文化功勞賞。

大家都知道，日本新力公司的成功，乃歸功於小型電晶體收音機的開發。而該公司創始人井深先生則表示，學生時代閱讀某科學雜誌才是引發他開發小型收音機的真正契機！

在那本雜誌中，提到關於手錶大小的收音機，當時，井深先生深爲那篇文章所迷，並不忘實現這個夢想。

終於，電晶體的出現使他的夢想得以實現。然而，井深先生卻說：

「是堅持夢想，才能發明劃時代的小型收音機！」

没錯，「夢想爲革新之母」！

◎掌握正確方向
靠豐富的感受性

△秋山仁　一九四六年生於東京，數學家。畢業於密西根大學。其行動哲學爲「把不可能變爲可能，從無到有」。現已成爲電視、雜誌上的熱門人物。著作有『グラフ論要説』等。

對於日本長期以來偏重智育的教育制度，批評的意見很多，其中，以數學家秋山先生所提出的論點，最爲獨特。

他指出，現今的大學生和政治家們普遍缺乏「感受性」，即了解事物本質之知性、創造性的能力。因此，他大膽提出了在大學入學考試中，增加「感受性共通測驗」，讓學生在平日就著重感受力的培養。

今天，日本雖然靠著一群優秀人材而爲世界經濟大國，但是，只要看看我們在國際社會上左顧右盼，到處亂竄的模樣，就可以理解秋山先生的意思了。

◎做別人不做或做不到的事情，才有意義

△堤義明　一九三四年出生於滋賀縣，爲西武鐵路、國土計劃、王子飯店之社長。畢業於早稻田大學。對日本鐵路經營貢獻很大，國際風評極佳。

堤義明先生以經營者聞名於世，然而，他同時也是一位與衆不同的優秀設計家。其代表作爲「大磯海岸工程」。

當初提出這個計劃案時，許多人都覺得莫名其妙，因爲他們想不出爲什麼要特地隔出一段海岸來建造瀑布。

而堤義明先生卻有其獨道的遠見：「海邊不再是游泳的場所，而是遊戲的場所。」他終於在二十三歲時，就成功地完成此休閒遊樂場所。

對堤義明先生來說，做別人不做或做不到的事情，人生才有意義。這個信念是他開創新計劃、新時代的一大動力，也是他個人成功的最好註解。

◎作品受歡迎的條件不再是「這部片子如何」的問題

△伊丹十三　一九三三年生於京都。松山南高畢業後，於一九六〇年進入大映公司，後成為一名活躍的個性派演員。一九八五年，他導演的第一部電影『お葬式』（葬禮），大受好評，獲頒日本金像獎。以後陸續發表許多作品，如『マルサの女』等。

如何製作出受歡迎的商品是我們最想知道的事情。在這裡，以『葬禮』一片走紅的伊丹先生，提出了他的電影之所以持續受歡迎的原因：「加强宣傳，成爲話題」。

他說：「在今日這個社會，不論請多大牌的影星演出多大部的劇作，也沒有人會認真去回顧。因此，要透過某些途徑使其成爲話題，吸引觀衆的注意，甚至使它成爲社會現象也在所不惜。」

不論多麼有趣的企劃、多麼新鮮的點子，如果沒有巧妙的宣傳方法，是不可能流行、受歡迎的。

現代可說是個宣傳至上的時代！

◎這個時代的成功之道在於集中一點的「捻鑽式經營」

△鬼塚喜八郎　一九一八年生於鳥取縣，鳥取一中畢業。亞瑟士公司負責人。本是小小的運動鞋製造商，透過「勞動、資本、經營」的一體化，進昇爲世界三大廠商之一。以員工持股制度聞名。

運動用品製造商亞瑟士以販賣籃球鞋起家。其經營方法爲，突破大企業盲點，專攻業界弱點，集中銷售，終獲成功。

社長鬼塚先生稱這種經營爲「捻鑽式經營」。用錐子打一個洞，集中於一點，雖是小小的一點，但卻是確立的。稱霸一點後，再逐漸擴張至線、面。

他認爲零星小企業想與大企業對抗，只有這個方法。

「捻鑽式」就是「集中一點主義」。亞瑟士利用此積極戰法，從零開始，在短期間内就躍進業界之冠。

◎理想的人生，就是過著「新恩格爾係數」為零的生活

△竹内均　一九二〇年出生於福井縣。畢業於東京大學，爲地球物理學者。一九六四～一九八一年任東大教授。退休後任牛頓雜誌總編輯。除了專門領域的學問外，對人生哲學亦有很深的造詣。著有『地球科學』等書。

首先，我們得先解釋一下，什麼是「新恩格爾係數」。當然，這是竹内先生所造的詞，其定義爲「爲了吃飯而不得不工作的時間，占一天勞動時間的百分比」。百分比爲零是竹内先生的夢想，而實際上，他現在做的是自己想做的，可以說是過著「新恩格爾係數」爲零的生活。

這種生活真叫人羨慕。竹内先生表示，只要立定一個想法，這個係數就可以降低很多：用自己的方法享受工作帶來的樂趣；在自己想下工夫的部份下工夫。

換句話説，如果有豐富的想像力，就有可能做得到。没想到，新恩格爾係數可以做爲評量人們想像力的標準！

◎磨練自己，等待幸運

△井植薰　一九一一年生。曾任三洋電機公司社長，在三洋電機創始人去世後，擔任社長職務。他以關西商人獨特之機智和豐富的思考能力，運用於企業經營上而聞名，一九八八年去世。

三洋電機的井植先生，曾經要求所有職員將十塊錢的打火機分解，徹底了解它的結構。因爲，他認爲不論看起來是多麼無聊的事情，只要有追根究柢的熱誠，一定能從中獲得嶄新的創造能力。

幸運不會從天上掉下來，也不可能坐在那兒就等得著的。因此，隨時要對所有事物保持好奇心和熱誠；怎麼製造、怎麼販賣等等，直到有了具體成果爲止。

人生能否成功，就看你要積極追求，或者坐以待斃了！

◎和我生於同一時代的人，關心什麼，要什麼，對我來説很重要！

年輕暢銷作家吉本小姐的信條是：「隨時和時代保持一體感。」

重視「時代感」的她，平常透過聽新音樂、集中閱讀科學和精神世界的書等來訓練自己融入時代感中。當然，培養對社會問題的敏鋭觀察力，也是她日常的課題之一。

這種訓練成爲她作品世界的基礎，即非常符合現代「簡單、易懂、普遍」的特性。

透過對吉本小姐的認識，我們發現，培養時代感的要訣在於對「今天」的了解程度，對「現代」所抱持的興趣深度。最令人折服的，還是那不間斷的自我訓練精神！

△吉本ばなな　一九六四年出生於東京，從事寫作。一九八七年以『廚房』一書深獲年輕人喜愛。之後推出之『TUGUMI』和『白河夜船』等作品也都位居銷售排行榜第一名。不但深受日本年輕人推崇，最近也深受國外讀者矚目。

◎執著於「要更好」的信念

△宮崎輝　一九〇九年生於長崎縣，東大畢業。前旭化成公司負責人，透過多角化經營理念帶動旭化成公司成長。除了公司的業務外，也積極參與社外活動。曾代表財經界發表反對課徵營業稅的立場。於一九九二年去世。

最近過世的前旭化成負責人宮崎先生，有業界超人之稱。他透過合成橡膠、尼龍、建材、畜肉產品等新事業的開發，來展開多角化經營，稱爲「連鎖式多角化經營」。

如果滿足現況後就滯足不前，疏於爲下一步做打算，那麼，這個企業將會在不知不覺間衰微。因此，必須不斷思考如何去做會比現在更好。這就是宮崎先生之所以能預測十年後發展的原因。

「這樣已經很好了」不是人生的終極目標，唯有不向現狀妥協，堅持「要更好」的理念，摸索新的可能性，才能日新又新。

這就是宮崎先生的「遺訓」。

◎洞察先機是「求知慾」的函數

△小林宏　一九二〇年出生於兵庫縣，京都大學畢業。畢業後入旭化成公司工作，之後轉任「獅子油脂」公司之常務。一九七八年成爲獅子油脂公司會長，服務至一九九一年止。現爲日經連常任理事。

許多人認爲洞察先機的能力，也就是預測未來的能力是天生的，無法靠後天努力來培養。而獅子公司會長小林先生，卻斷然表示：

「只要努力追求新知識，一定能培養先見能力。」

舉個例子來說，最近的生活型態强調尊重個性，即使是洗髮精，也依個人髮質、性別及年齡等，推出各式各樣符合消費者需求的產品。如果不能看清這個新時代潮流，而仍抱持著古老的觀念，認爲「一個家庭只要一瓶洗髮精就夠了」，那麼，小林先生說，你將和成功絕緣！

大膽地、貪心地吸收新知識吧！這樣，你將擁有驚人的先見能力！

◎人類必須培養感受大自然散發出大量訊息的能力

△立松和平　一九四八年出生於栃木縣。早稻田政治經濟學部畢業。一九七〇年發表『途方に暮れて』（窮途末路）一書成爲小說家。後以『遠雷』一書獲頒野間文藝新人獎。其都會派作品著力於關於血和自然的方向，散發出異樣的色彩。

在地球的自然遭受急速破壞的現在，人類面臨的最大課題是，找出人和自然之間的調和之道。對這個問題有深入研究的立松先生表示，最重要的是，我們必須具備傾聽自然之聲的感受。

立松先生感慨地說：「過去，人類透過風的聲音、星星的位置等自然的知識，給了自己生活上很大的幫助；然而，隨著機械文明的發達，人類漸漸失去這方面的能力，連自然所發出的、近乎悲鳴的聲音都聽不見。」

要解決環境問題，必須先恢復和自然交感的感受性。這是立松先生所强調的，也是現代的一個重要課題。

◎不論任何新人登場，仍然保持戰鬥力

△松任谷由實　一九五四年生於東京，多摩美大學畢業。一九七三年以荒井由實之名正式登上音樂舞台，並以『あの日に歸りたい』一曲走紅，成爲新音樂界的女王。錄音帶和CD的銷售量經常維持在第一的水平。

新音樂的有名人物松任谷小姐雖然相當走紅，但是從頭到尾，她没忘記隨時保持「進攻」的姿態。

有些新人在走紅後忘了當初立定的志向，在音樂舞台上瞬間走紅，瞬間消逝，而松任谷小姐卻說：

「不論出現什麼樣的新人，我會和他們比較競爭點，然後努力超越他們。」

唱片年銷售量始終居冠的她，對於甫出的新人也不掉以輕心，觀察新人的特點，然後想辦法超越他們，這種精神令人驚嘆！

在新人輩出的時代，想要持續維持自己的名聲和專輯銷售量，似乎不可欠缺這樣的戰鬥精神。

◎對現今日本而言，提出健全的想法來改造國家，才是當務之急

現今日本人對未來都不敢抱持多大的期望；經濟長期不景氣、政治不受人民信任、環境污染情形日益嚴重等，在在都使人不得不悲觀地看未來。

然而「平成維新會」的創辦人大前研一先生，卻提出不同的主張：「不要持有否定未來的想法，大家應該蒐集具建設性的題材，提出健全的看法、想法才對。」

他又說：「我們有勤儉的國民、先進的技術和充足的金錢，只要大家努力提供健全的素材，創造出遠景的計劃，就可以建立一個嶄新的國家了。」

與其像現在這樣光看負面而感到悲哀，不如想辦法改變未來。大前研一先生的這一主張，可以成為正面思考的楷模。

△大前研一　一九四三年出生於福岡縣。早稻田大學畢業，為經濟學家。以提倡政經具體論而知名，自設立「平成維新會」後，更受世人矚目。

◎擺脫舊知識的包袱，努力導入新的想法、主意

△長谷川慶太郎　一九二七年出生於京都，大阪大學畢業，爲國際經濟學者。曾任新聞記者、證券分析師，後以經常發表關於石油危機的言論而登上論壇。著作有『國際情勢をどう讀むか』（如何閱讀國際情勢）、『世界が動く日本が變わる』（世界在動；日本在變）等。

大家都說，現在是一個無法預知未來的時代。那麼，在這個經濟情勢大幅變動的波浪中，我們如何展望未來，應付變化呢？

長谷川先生指出：「最重要的是，擺脫、捨棄至目前爲止的舊常識。」

他的意思是，在今日整個世界局勢大幅變化的情況下，不能再反覆以過去的經驗爲基礎前進；而必須導入從來沒有的新觀念、新想法、新主意。

所謂「常識」，是整個社會全體想法的標準，要打破這種標準需要相當的勇氣。但是，這個時代卻是非得這麼做的困難時代。這就是有先見之明的長谷川先生希望大家要警惕的名言。

◎從現在開始要快速培養「歐幾桑」(叔叔)意識

△系井重里　一九四八年出生於群馬縣，法大文學部肄業，曾任職廣告公司，現爲自由的廣告撰稿員。代表作有『不思議大好き』(喜歡不可思議的事)、『おいしい生活』(美味生活)等。除了廣告撰稿的工作外，還從事作詞、電視節目主持人，以及電視遊樂器軟體製作等多方面的工作。

系井先生說，他認爲在現今日本國裡，說話聲音最大、意見最多的就是高中和大學的女學生，她們對所有的事情，包括社會、風俗等，都要下判斷、給意見，甚至「審判」。

不知道是爲了瞭解時代潮流，還是想切身體驗年輕人市場的感覺，男性們深信這些代表社會之女子的意見。

而系井先生卻斬釘截鐵地說，從那些言論中，充其量只能聽到「聲量大」的市場價值觀罷了。

換句話說，他主張男人即使被叫「歐幾桑、歐幾桑」也無所謂，就照著自己的歐幾桑哲學和價值觀活下去。迎合時代未必就等於「摩登」。

◎我現在最想說的一句話就是「好好為自己的下一代著想吧」！

△筑紫哲也　一九三五年出生於大分縣，畢業於早稻田政治經濟學系。從朝日新聞記者、經「朝日週刊」總編輯，到現在任TBS「NEWS 23」主播，都有優異的表現。著有『多事爭論』；譯有『地球は救える』（地球有救）等書。

擔任新聞播報員的筑紫先生認為：「民主主義的不公平之處在於自己的子孫沒有投票權。」

換句話說，不管是地球環境問題、核能問題等，這一代的大人們為所欲為，破壞環境，而把賬單留給下一代去繳，不管他們願不願意，都沒有選擇的權利。這不是太不公平了嗎？

為了把這不公平性減至最低，這一代的父母、長者應該不要光著眼於眼前的事物，不要光想到自己，而應多為下一代著想才對。

的確，對未來缺乏想像力是今天地球嚴重污染的重要因素之一。筑紫先生提出的問題，是現在活著的我們，每一個人都應深思的。

◎天線要高，頭要低

大家都知道「味素」這個調味料是日本發明的產品。而生產發明此商品的鈴木先生卻不以此世界聞名的商品為滿足，仍不斷展開多角的商品開發，推出受歡迎的新產品。

「天線要高」的積極精神和「頭要低」的商人之道，將他引入成功之途。

身為一個商人，在蒐集情報方面，要高高舉起天線，不落人後的吸收新資訊和新技術；同時，在待人接物方面，要保持謙遜的態度，低頭打招呼。這是商人應有的基本態度，也是永久不變的箴言。

△鈴木三郎助　一八九〇年出生於神奈川縣，京華商業學校畢業，實業家。以谷氨酸蘇打的製造專利為基礎，計畫生產化學調味料「味の素」（味素），成功後業績大幅成長。為市場行銷的先驅者，一九七三年去世。

◎如果時間不夠，應該排除雜事，只做自己想做的事

△西丸震哉　一九二三年出生於東京，飲食生態學者，冒險家兼ＳＦ作家。自農水省時代起，即以提出糧食危機和文明悲局論爲衆所周知之異色官僚。退休後，從事作曲、秘境探險等多方面的活動，有多數著作。

西丸先生，這位高唱「平均壽命四十一歲說」的老先生說，他一直留心在生活中儘量安排自己喜歡的事情，當然，他考慮到自己所剩的時間不多。

現在，在西丸先生生活中所安排的事情，優先順位如下：登山、邊境探險、滑雪、作曲，可以說是「趣味人生」，令人羡慕。

不知道今後日本人的平均壽命會不會只有四十一歲，不論如何，排除討厭的事，只做喜歡的事，也是一種人生的生活態度。反正人生只有一次，儘量享受、滿足地過這一生就夠了。

這就是西丸老先生教給我們的生活態度。

◎我只是把自己和朋友想知道的事，做為商品來試賣

△矢内廣　一九五〇年出生於福島縣，中央大學畢業。在大學時代，和友人創辦月刊情報雜誌「ぴあ」，得到年輕人的熱烈支持。現任ぴあ社長。一九八四年利用日本剛流行的聯線系統從事「ぴあ票」的販賣，很受矚目。

情報雜誌「ぴあ」銷售成功，可以證明「現代的最大商品就是『情報』（資訊）」！

社長矢内先生表示：

「我們考慮的是自己的需求，比如，去那裡可以聽自己偶像的演唱會等，然後把它製作成商品。」

總之，就只是嶄新的版面，上面印著「那裡有什麼」而已，而且我們將電影、戲劇和音樂會的消息原原本本刊登上去，並沒有任何解說，這樣反而大受歡迎。

在這個萬事搶先的時代，不能再拘泥於固定觀念，想到就做，才能製造奇蹟。

第2章……

掌握人心

……

◎要好好重視「菠菜」

△山崎種二　一八九三年出生於群馬縣，爲山種證券創始人，奠定了山種證券的基礎。此外，山崎種二熱愛美術，收藏許多藝術品，一九六六年設立山種美術館，八三年去世。

山種證券公司社長山崎先生的「菠菜運動」到今天仍爲人津津樂道。他每個月都會到市場買一大堆菠菜，然後發給每位職員一株，因爲，他要提醒同仁們，「報告、連絡、相談（討論）」的重要性。（註：日本「報告」的「報」，「連絡」的「連」，「相談」的「相」三個字連在一起的發音和「菠菜」的發音是一樣的，羅馬拼音爲「hourensou」）

公司同仁之間是否能順利溝通，當然是事業能否成功的重要因素。在溝通之際，「報告、連絡、相談」是不可或缺的，即所謂「意志疏通」。這些話，山崎先生不直接用嘴巴說，而用一把菠菜來表示，顯示出其獨特的處事態度。菠菜美味營養，價值很高，拿來做譬喻，也相當恰當。

◎我的性情和秋田犬一樣，被養三天、三年都不會忘恩

演出的電影數量達一百二十一部的仲代先生，是一位導演們喜歡請他擔崗的演員。之所以受導演賞識，一方面當然是因爲演技精湛；另一方面根據他自己的說辭，是因爲自己有「秋田犬一般的性情」。

他說：「通常第一印象不太好，然而一旦敞開心交往，逐漸親近後，就非常忠實。而且『君子之交淡如水』，淡而不膩的關係才能持久。」

真是了不起的交際態度！情深卻不依賴對方，而且絕不背叛對方對自己的信賴，這種人際關係可做爲大家學習的範本。

看到仲代先生，讓我們對「信賴是人際關係的基礎」，有了更深一層的認識。

△仲代達矢　一九三二年出生於東京都。參加演員訓練班後，不論在舞台、電影、電視方面，都有多方面的演出。一九七五年以後，主持「無名補習班」培養後進，不遺餘力。夫人是編劇家隆巴小姐。

◎和同事間的關係太緊密，可能使腦筋變得僵化

△品川嘉也　一九三二年出生於愛媛縣，京都大學畢業。爲大腦生理學者，專門研究人腦和電腦的關係，現爲右腦理論的權威。此外，基於對俳句的喜愛，和幾位俳人共同結社。著有『右腦の使い方・鍛方」（右腦的使用法、訓練法）等書。

下班後邀同事去喝一杯是上班族生活上的一大樂趣。然而，大腦生理學者品川先生卻提出了一項警告，不要花太多時間在與同事們的個人交往上。

品川先生想要說的是，同事之間的人際關係，基本上是以「工作」爲共同基礎，因此，彼此間的對話也大都限定在這個範圍內，沒有辦法建立起積極的，刺激腦力的關係，而且浪費了許多時間。

爲了預防自己的人際關係僵化，我們應該積極地和同事以外的朋友接觸，對於大腦的刺激，或許有很大的幫助。

◎到目前為止，我從來沒有遇過討厭的人

△淀川長治　一九〇九年出生於兵庫縣。曾任聯合藝術公司宣傳部職員，雜誌「電影之友」總編輯，後來成爲電影評論家。在電視上解說電影時，總是用獨特的說話技巧傳達其看法。有多部著作。

名電影評論家淀川長治先生即使看了自己不喜歡的電影，也不會批評否定它，而是從中找到好的部份，然後加以讚賞。

此外，當他和別人說話時，第一句話一定是稱讚對方：「你是一個很有魅力的人。」這種對對方的缺點視若無睹，而儘量發覺其優點的態度，可說是淀川交際術的最高表現。

如果你先認定對方的優點，並表現出來，那麼，對方感受到你的善意，彼此間的親密程度自然會增加。

人際關係交流的基本態度是，不管對方是誰都不要覺得棘手，應積極地去接受，淀川先生表現出來的，正是這種態度。

◎要重視見過三次面以上的人

△三澤千代治　一九三八年出生於新潟縣，日本大學畢業。一九六七年「ＭＩＳＡＷＡ　ＨＯＭＥ」公司設立後，因爲完成用接著劑組合木質壁板的獨特工法，而使公司業績快速成長。在財經界爲一知名謀士。

堅信好的資訊是生意興隆要件的「ＭＩＳＡＷＡ　ＨＯＭＥ」社長三澤先生，特別注重「和別人相識」這件事。他說：

「能提供機會給我們的、能在危機時伸出援手的，還是要靠認識的人。」

甚至他還做了如下的計算：

「如果一天碰到十個人，一年就是三千個人，七十年下來也不過能遇到二十一萬人。人生雖長，能碰到的人卻有限。」

因此，要珍惜每次與人結識的機會。如果有緣和同一個人見三次面以上的話，三澤先生建議您，要與對方建立親密的交情。倘若只是應付性地交換名片，之後連對方的臉也記不得，這種人是不會有成功的一天的。

◎如果客人是神，那歌曲就是獻給神爺兒們的供神酒

△三波春夫　一九二三年出生於新潟縣，十六歲進入演歌界（浪花節），一九五七年轉入流行歌曲界，以一首『チャンチキおけさ』成爲受歡迎的國民歌手。「客人就是神」這句引人注意的句子，很早就聞名了。其他還有許多受歡迎的曲子，如『船方さんよ』等。

知名度相當高的三波春夫先生所說的「如果客人是神，那歌曲就是獻給神爺兒們的供神酒」這句名言，已成爲演藝界名言中的名言。

這種道出服務精神的格言，不僅適用於演藝界，可以說，應廣泛使用於社會上任何行業。

當一個人說：「客人就是神」這句話時，在他的心底深處，懷著對客人深切的謝意和敬畏。這是三波先生頗有心得的待客原則。

在舞台上，三波先生總是笑容滿面，從未忘記對「神爺兒」們存感謝之心，因爲他知道，這是敬神的致命武器！

◎想知道更多，就要比對方說的更多

△豬瀨直樹　一九四六年出生於長野縣，信州大學畢業。爲非小說類文學作家，以探尋「革新既成觀念」的手法而出名，在其作品『ミカドの肖像』中，可窺見此手法。其他尚有多數著作，如『日本凡人傳』等。

非小說類文學作家豬瀨直樹先生舉出，「想知道更多，就要比對方說得更多」是採訪時的成功秘訣之一。他表示：

「想要引出對方的話題和材料，光問是不行的。採訪者本身應該多說些話來刺激對方，將對話引向未知的方向。」

同樣地，在工作場所蒐集資訊時，這仍是個值得一試的方法。通常我們和客户或廠商談話時，往往不是問問題就是先準備好問題，然後照樣說出來，因此，能從對方口中得到的資訊就很有限了。

豬瀨先生又說，和人對談時，態度要積極，最好能製造出不斷爭論的氣氛，你一句，我一句，自然能從對方那裡引發意想不到的情報。

◎我不在意旁人的眼光，只求能將自己百分之百表現出來

△志茂田景樹　一九四〇年出生於靜岡縣，作家，歷經調查員等多種職業，至發表『黃色い牙』一書後，得到直木賞獎，確立了作家的地位。現在以其突出的造型活躍於電視界，相當受人矚目。

說起志茂田這個人，大家一定馬上想到是那位穿著超時髦、超華麗的文化人，而不大會想到他是直木賞作家。

本來志茂田先生是個消極、畏首畏尾個性的人。直到他參加了山本寬齋的秀以後，才發現自己對流行女裝有興趣之後，開始追求自由奔放的人生。

他說：「自從我開始打扮自己，跟著流行之後，生活就不知不覺地積極了起來，即使我表現自己的方式很特異，但看到活生生、原本的自我，就覺得活著是很快樂的事。」

能在別人面前表現自己是一件很了不起的事。邊看電視邊笑志茂田的人，應該重新思考一下才對。

◎赤裸裸表現真我可增加說服力

△秋山豊寬　一九四二年出生於東京，國際基督教大學畢業，記者、太空飛行員。於一九九〇年以TBS記者身份參加太空人甄選，成為第一位日本太空人，也是身為記者的他驚人之舉。

當我們面對別人時，總是適當地偽裝自己，在對方面前呈現好的一面。

而太空人秋山豊寬先生卻認為：

「如果真正想傳達給對方些什麼，即使不體面，也要將自己的真心話用最自然的方法表現出來。」

一九九〇年第一次飛上太空的秋山，就是從太空船不斷地將自己的真實情況報告給地球上的人員。當他暈機時，就坦白說：「吐得一塌糊塗！」然後表現出很糟的一面。

他認為，要傳達真正的感動，應該將自己完全表露出來，並正確地說明細節，這樣，也深具說服力。

◎和討厭的人構築適當的人脈關係

△田原總一朗　一九三四年出生於滋賀縣，早稻田大學畢業。歷經岩波電影、ＴＶ東京等職，現爲自由評論家。其尖銳的政治評論吸引不少關心政治人的注意。著有『日本の官僚』（日本的官僚）等書。

名政治評論家田原先生告訴我們，通常我們對說話苛薄的人總是敬而遠之。事實上，應該積極和他們交往才對。

上班族容易在公司建立縱的人脈關係，而無法往橫的方面拓展，這種人際關係，阿諛奉承居多，相當危險。如果能建立互相批判對方的人際關係，並持續維持下去的話，那就是避免搞壞人生的最好方法。

長期處在公司縱向的人際關係中，不知不覺會被捲入「無法批判別人的系統」中，最後，無法思考、修正自己，甚至誤了自己的人生。

多與具批判精神的人交往，建立廣泛的人脈，有助於反省、修正自己的行爲和思想，這一點，原田先生認爲非常重要。

◎第一印象決定百分之七十的人際關係

△タモリ　一九四五年出生於福岡縣，早稻田大學肄業。以模仿寺山修等的聲音和模仿動物之動作表情而成爲笑界寵兒。此外，也主持節目，從「笑つていいとも」（笑當然是好事）開始，主持一連串正式的節目，充分發揮其特殊才能。

一般人都說第一印象很重要，タモリ先生强調這一點，不過，他的理由很有意思：

「一般都說：『只要聊一聊就可以了解一個人』，實際上，我覺得越聊越迷糊，反而是第一印象比較深，比較正確。」

所謂「第一印象決定百分之七十的人際關係」，是說如果一開始印象就不錯的話，人際關係會成功的機率就差不多有七成左右了。

以「密室藝人」出名的タモリ先生給人的第一印象並不好。

但是，除了在後台時沒化妝的表情外，他守時和維持基本人際關係的原則，贏得舞台工作人員的信賴，建立了今日的地位。

◎資訊豐富，自然吸引人

△梨元勝　一九四四年出生於東京。法大社會系畢業後，從事女性週刊雜誌記者，專門採訪演藝界新聞。由於擅長挖掘到演藝界醜聞和花邊新聞等，所以贏得「突擊記者」的異名。著書有『梨元にいいつけるぞ』等。

建立寬廣的人際網路是一流商人的必備條件，然而，這件事說起來容易做起來難。

演藝界記者梨元先生提出他簡易明快的個人見解：「建立人脈的秘訣就是——擁有豐富的資訊、情報。」這樣，人們自然會匯集過來。

只要自己對別人而言，是有吸引力的、有趣的，那麼，即使不特別努力去結識別人，別人一樣會接近你，人脈自然而然就增加了。

因此，與其一天到晚忙著交換名片，不如先磨練自己。

梨元先生的這番話，倒提醒了我們平常忽略了的真理。

◎牢騷和蠢話中藏有寶藏

△河合隼雄　一九二八年出生於兵庫縣，京都大學研究所畢業，臨床心理學者，著名的分析家。其作品多站在寬廣的視野下下筆，有不少爲暢銷作品。

不管對方是誰，經常聽他發牢騷總不是人們樂意做的事情。然而，臨床心理學者河合隼雄先生卻說了這麼一句話：「牢騷和蠢話中藏有寶藏。」

河合先生在輔導病人時，總是讓對方把想說的話完全說出來，自己儘量聽而不說。如此一來，對方常在不知不覺中透露了原不打算說出口的蠢話，而通常從這些話中可以尋找到對方的問題所在。

其實，有時候我們很容易因說溜嘴而把自己的真心話說出來。從這一點可以看出這位心理學家對人觀察之入微。

◎不論對動物或人，讚美總比鞭打能讓他們親近我們

△畑正憲　一九三五年出生於福岡縣，東京大學研究所畢業後，進入「學研電影公司」，從事動物記錄電影方面的工作，一九六八年獨立成爲作家。目前與家人在北海道的無人島上「動物王國」中生活。有多數著作。

在「動物王國」中，有這麼一段小插曲。一個年輕小伙子到王國來，一騎上馬，就使勁鞭打他乘坐的馬，結果馬匹狂嘯奔馳起來。這時候，畑正憲先生趕緊乘上馬匹，一邊撫摸馬的身體，一邊對馬稱讚的說：「你好乖！你好靈巧哦！」於是，馬就被馴服了。

畑正憲先生認爲「不鞭打、不命令，用不斷的讚美來對待動物的話，牠們自然與我們親近」，當然，這種說法也適合用在對人的態度上。鞭打叫罵也許可以得到對方暫時的順從，但絕對無法打開他們的心。

畑正憲先生告訴我們，「有耐性地、持續地讚美，才能建立彼此間永遠的互賴關係」。

◎人際關係是永遠的痛，剛開始痛苦，最後却能享受喜悅

△曾野綾子　一九三一年出生於東京，聖心女學院畢業，爲知名作家。大學畢業後發表的『遠來の客たち』（遠來的訪客們）吸引了各界的矚目。作品『誰のために愛するか』（爲誰而愛）銷售量達兩百萬本，非常受歡迎。本人很關心社會問題，先生是知名作家三浦朱門。

曾野綾子小姐認爲，所謂「溝通」，正是了解自己和別人在思想上有多大差異的開始。不論人際關係做得多好，在相處時一定會產生磨擦、爭執、糾紛。

這就是爲什麽曾野綾子小姐會說「人際關係是永遠的痛」的原因。

然而，接觸卻也最能帶給人們深刻的感動。在相處時，不經意地手牽著手，這麼個小小的動作，有時候卻是人生最大的喜悅。因此，曾野小姐勸大家要珍惜人與人之間的接觸。

對曾野小姐而言，與人相處要注意的是對對方謙虛、溫和、體貼，並且長期抱著事物能改變的心態，有耐心地做，自然會得到人際關係所帶來的喜悅。

◎透過「小組合作」和得分主義來鼓舞士氣

△橋本大二郎　一九四七年出生於東京。從慶應人學研究所畢業後，入NHK公司擔任社會部記者。一九九一年當選高知縣知事，入主地方政界。為橋本龍太郎之弟。

從NHK社會部記者一躍而坐上高知縣知事的寶座，在一般人眼裡，應該是令人羨慕的身份轉變。然而，在生疏的工作環境中要懾服一大群部下，達成身負的重任，其辛苦的程度，恐非一般人所能了解。

橋本先生表示：「我儘量不依小組能力來評斷個人的能力，並用公平的眼光觀察員工工作態度，利用得分主義來引發員工戰鬥力。」

一般而言，「好的部份」不像「壞的部份」那麼容易被察覺，因此，利用得分主義來為員工打分數的話，需要相當的注意力和時間。

如果沒有相當的沈穩性和敏銳的觀察力，是無法公平地評斷人的能力的。橋本先生可以說是一位掌握人心的練達者。

◎在好的時代結識好人，結果等於認識自己

△笠智衆　一九〇四年出生於熊本縣，家鄉是淨土眞宗的寺廟。爲一知名演員，主演小津安二郎導演的多數作品，如『晚春』、『東京物語』等。之後，在山田洋次導演的「寅さんシリーズ」（寅先生系列）中也有精湛的演出，其略帶冷酷的演技頗受人喜愛。於一九九三年去世。

對笠智衆先生而言，小津安二郎先生是他最大的恩人，如果沒有這位名導演，就沒有身爲演員的自己。笠智衆先生一直到死都還念念不忘這件事。在小津安二郎先生所有作品中，幾乎都能看到笠智衆先生。

笠智衆先生經常不解地說：「我覺得自己並不好，根本演不出好電影，但不知小津先生爲什麼那麼器重我。」

其實，小津先生要的演員是「不作表情、不是在演戲」的演員，而笠智衆先生應該正是這種演員吧！從這一點看來，兩人的結識可以說是命運的安排。

總之，看看笠智衆先生的演藝生涯，就可以了解認識別人是多麼重要的一件事啊！

◎身為領導人的條件，就是對自己所做的事不抱懷疑的態度。

△野田秀樹　一九五五年出生於長崎縣，東大法學部肄業。在大學時，組成「夢的遊眠社」劇團，獲得年輕人壓倒性的支持。一九八三年得到岸田戲曲獎；八五年榮獲紀伊國屋戲劇獎。九二年解散劇團，至英國留學。

如果政界或財經界人員來談「身爲領導者的條件」這個話題，大概没什麼奇怪之處。但是，在這裡，我們爲大家介紹一種獨特的見解。

長年主持「夢的遊眠社」的野田秀樹先生，舉出了下面的看法：「身爲領導人的條件，就是對自己所做的事不懷疑。」

他認爲領導人一旦持疑，跟隨者就會相當辛苦。他提出下面七個必備的條件：一、有體力。二、在人前努力。三、聲音要大。四、理所當然似的説謊。五、有魄力。六、不能商量。七、具卓越的長才。

總之，不能讓手下感到不安是共通的規則。野田舉出的七個條件中，你符合幾個呢？

◎從零開始加起，就會發現身邊不錯的人很多

△户川昌子　一九三三年出生於東京。從上班族轉變爲職業香頌歌手。一九六二年以『大いなる幻影』（變大的幻影）獲頒『江户川亂步賞』。代表作有『獵人日記』、『蒼ざめた肌』（蒼白的肌膚）等。

一般人若被問到一個問題：「給你周圍的人打個分數，以一百分爲標準。」大概大部份的人都會用減分數的方法來評分吧?!

譬如說，「那個傢伙没有時間觀念，我給他負十分。」之類的。

其實，人相處的越久，越知道彼此的毛病在哪裡，如果用負分方式來評斷他們，恐怕到最後連一個朋友也没有了。

所以，和人交往，應該從零分開始加起，這是户川昌子的想法。因爲這樣你會發現到處都有不錯的人。

老是給別人「扣分數」的朋友，應該想想這個説法有没有道理，試試「加分法」吧！

◎讚美選手吧！

△森祇晶　一九三七年出生於岐阜縣。現任西武領隊。在巨人隊任正捕手時，相當活躍。退休後在擔任西武領隊的七年生涯中，締造了六次的聯盟優勝佳績，可謂棒球界最成功的領隊。

七年領隊生活，六次日本第一——森祇晶先生可說是球界首屈一指的名將。

在每次球隊獲勝時，他總是不忘說一句：「要讚美選手」！

森祇晶先生所說的選手，並不光指在球賽過程中，決定勝負那位英雄，而是包括所有在旁協助締造佳績的選手。即使他的位置並非引人矚目的位子，但只要他扮演好自己的角色，都是值得給予很高的評價。這就是森祇晶先生的「人心掌握術」！

除了名選手清原先生和秋山先生外，森祇晶也不忘給过先生和伊東先生這種在旁協助的運動員一個公平的評價，這對於整隊的內部和諧，有很大的助益。

◎最理想的交談方式是「聽七分、說三分」

△久米宏　一九四四年出生於埼玉縣，早稻田大學畢業。一九六七年進入TBS任廣播員，後以主持「ザ・ベストテン」（THE　BEST　TEN）大受歡迎。現在在朝日電視「新聞站」任新聞播報員。

「會話」是人際關係的橋樑，已不需多做說明；但是，如何拿捏得當，順利與對方溝通，卻不是那麼容易的事。

被稱爲現今說話技巧高明的久米宏先生說：「會聽的人就會說」、「聽七分，說三分，拿捏的好，交談就能順利」。

的確，每當我們觀察久米宏先生在電視上的姿態，就會發現他總是專心的聽對方說話，然後頻頻點頭。

一般人都認爲所謂「很會說話」就是噼哩叭啦說個不停。其實，多注意聽人家說話才是構成雙方能雙向溝通的訣竅。換句話說，「會聽人家說話，就等於擅於與人交往」。

◎我認為「小組配合」是不需要的

△落合博滿　一九五三年出生於秋田縣，爲職棒選手。歷經秋田工、東芝府中，然後進入羅德隊。曾創連續兩年三冠王的輝煌佳績，之後轉移至中日隊，可以說是相當傑出的職棒選手。

被冠上「球界的異端」、「一匹狼」等外號的落合博滿，說過一句容易被人誤解的話，那就是，「我認爲 Team Work 是不需要的」。這句話聽起來類似獨善其身的個人主義！然而，落合先生想要說的是：

「每一個個體都發揮自己最高的技術，隊伍自然就會勝利。」

換句話說，隊伍中的每個人都抱著「贏」的共同目標，再加上各自强烈的信念與確切的技術，即使不特別强調「小組」，也會自然產生團體合作的氣氛和形勢。

落合先生否定親密的集團關係，因爲那裡面瀰漫著依賴和妥協的氣氛。他肯定的是，「個人堅强的信念」。

◎沒有受任何人委託，自己花錢買的工作

△三浦雄一郎　一九三二年出生於青森縣，爲職業滑雪冒險家，可說是日本第一號職業滑雪者。曾成功地由富士山滑下，也曾在世界七大陸的最高峰留下滑痕，其冒險的精神，廣受世界矚目。

一般人遇到困難度高，或者可能沒有報酬的工作，通常的反應是裹足不前。滑雪高手三浦雄一郎先生告訴我們：

「這時候應該有自己花錢買這份工作的積極慾望才對。」

在三浦先生成功地滑降在富士山下時，他說：「我心裡想著『我是日本滑雪之王，我要在富士山上畫一道美麗的痕跡，然後讓世人讚美』，這份工作是我自願做的，不受任何人委託。」

要完成高難度的工作需要一股勁，只要心裡存著，「不論多麼困難的工作也要試試看」的念頭，自然能產生一股衝勁。三浦先生的積極思想，相信能在大家的心裡重重地敲上一計。

第3章……成功的途徑……

◎做生意的秘訣在於「運、根、鈍」

△伊藤雅俊　一九二四年出生於東京都，橫濱市立商專畢業。一九四六年入自家公司「羊華堂」工作，五八年設立大連鎖店「榮華堂」。之後，公司名稱改為「伊藤榮堂」，率領二十八家集團公司。

被評為「偉大平凡人」的伊藤榮堂社長伊藤先生表示：

做生意的三項秘訣就是『運、根、鈍』三個字。

「運就是適應環境；根是指獲得客人信賴前的努力；鈍則是說不要太機靈、太油滑的意思。」

伊藤先生表示，一般人都知道這些做生意的基本道理，但是能確實奉行的人卻不多，因此，他特別提出來强調。

在大量消費已成過去的今天，奉行「平凡商人之道的伊藤法則之所以還能受人矚目，決非偶然之事。現在最重要的，就是「回歸根本」。

◎失敗的主角

一九六一年，當日活動作片正處於全盛時期時，確立了個性派演員地位的宍户錠，遇到了意想不到的轉機。

由於赤木圭一郎因交通事故去世等因素，使他被拔擢爲男主角。

然而，當宍户錠拍完第一部作品後，他卻說：「我是一位失敗的主角。因爲沒有一位像『宍户錠』一樣能與主角完美配合的配角。」

這就是他認爲失敗的理由。

大家都喜歡當主角。但是，主角並非是每個人最能發揮自我的角色。在最能發揮自己個性的地方，即使是擔任配角，也是最好的選擇！

△宍户錠　一九三三年出生於大阪府。從日本藝術大學輟學後，於一九五四年進日活電影公司。在動作片中的角色大多頗獲好評。後來因赤木圭一郎交通事故去世和石原裕次郎受傷，而得以在『ろくでなし稼業』（無賴生涯）中擔剛。在電影和電視界都相當活躍。

◎一心一意保持純粹的信念，大體上所有的事都會成功

△稻田和夫　一九三二年出生於鹿兒島。自鹿兒島大工學系畢業後，在京都一家公司上班。一九五九年獲出資者的協助，設立「京セラ」公司。一九六六年升任社長，帶領公司成爲複合先端企業的第一把交椅。被業界稱爲冒險經營者。

「京セラ」公司的負責人稻盛和夫先生，以著重「心」的經營而知名。

他的信念就是：「所有的事象都是心的反應和呈現；只要恒久維持一顆純粹的心，大體上所有的事情都會成功。」

對於他這種對「心念」的深入思考，有時招致「過分神秘」的批判。然而，這一心一意的心念，無可置疑的，是今天推動「京セラ」這高科技企業成長的原動力，也是稻盛和夫先生成功的要因。

「信念」讓人從根底產生動力，是帶來生命力和活力的無窮寶藏。看看稻盛先生，更能深切體會這番道理。

◎得意凜然，失意泰然

△山内溥　一九二七年出生於京都府，早稻田大學肄業。現爲任天堂公司社長。他將公司由販賣撲克牌、骨牌的小公司培育成席捲全國的遊樂器企業。現在仍持有百分之九十的股份。

一九九二年，任天堂的稅前盈餘追過電機業巨商松下電器，而爲業界之冠。

四十年前，當現任社長的祖父將公司交給他的時候，這家公司還是家「什麼時候倒閉也不奇怪」的撲克牌公司，没想到十年前開始發售電視遊樂器後，整家公司一下子發展起來。

山内先生的座右銘是，「得意凜然，失意泰然」；得意時不驕傲、不歡鬧，失意時不心焦、不氣餒，時常保持一顆平穩的心。

無論何時都能維持平常心，是生存在現代這個競爭激烈的社會上，一個相當大的智慧。

任天堂壯大的秘密，就在這裡。

◎我不喜歡漫無邊際的空想「魔術、神奇」之類的話

△漢斯．歐福特　一九四七年出生於荷蘭的底特丹，在當地是一位活躍的職業足球選手，後因腳部受傷而引退，並轉任足球指導員方面的工作。八四年開始擔任馬自達的領隊；九一年再轉任「W杯日本代表隊」領隊。

自從日本代表任用漢斯爲領隊以來，他們在國際大賽中就接二連三的獲得優異的成績；在寄與厚望的W杯初賽中，也有突出的表現，現正繼續往前衝刺。大家都稱漢斯的手腕爲「魔術．歐福特」，但他本人卻討厭這些字眼。他認爲自己是透過嚴厲的指導來帶領隊伍，而非「魔法」。

其實，漢斯是一位相當嚴格的「現實主義者」。他對於一般領導人容易忽視的基本練習也不輕易放過，他要求每位選手到比賽爲止都得不斷地練習，即使有人發出怨言，也絕不妥協。

結果，獲勝之道只在於現實的練習，而並非依賴魔術。這一點，漢斯心裡一清二楚。

◎十年存錢；十年留給工作；十年培育人材

標題的「三十年計劃」是財經界人材「ウシオ電機」會長牛尾先生所提出的「企業經營戰略」。

其意義是，最初十年貯存企業營運所需的資金；第二個十年做真正想做的工作；最後十年培育人材，爲將來的發展打算。

這個三十年計劃不光用於企業的經營戰略，也可以做爲個人擬定生涯規劃時的參考。

換句話說，在每個十年中都設定好目標，然後遵循既定目標生活——三十～四十存錢；四十～五十工作；五十以後建立人際關係。

如果能在每個年段都達成目標，那麽，生活就會很充實了。

△牛尾治朗　一九三一年出生於兵庫縣，東京大學畢業。在父親所經營的公司發生危機時，將電機部門獨立出來，成立「ウシオ電機」公司，現任該公司會長。雖一度爲財經界看好的青年才俊，但近年因瑞克魯特事件而自公職退出。

◎我不要只「善戰」，而是不論什麼樣的情況下，我都想贏

△伊達公子　一九七〇年出生於京都，爲職業網球選手。畢業於園田學園高中。在高中時代即獲高中聯賽三冠王，八九年成爲職業選手。九二年在「Suntory．Japun Open」團體賽中獲勝，同年晉升至世界排名二十名以內的等級。

一般而言，日本人的勝負觀是「只要全力以赴，勝敗倒在其次」；而網球選手「伊達小姐」卻反對這種想法。她認爲：「不論是以何種形式獲勝，都要以獲勝爲先決條件。」

她並進一步表示：

「比賽就是要勝利了才能顯示其價值；如果盡了力，自己也很善戰，但卻敗給對方，那麼，它就不具任何意義了。」

伊達小姐從孩提時代就不喜歡輸給別人，無論什麼都要爭第一，這種不服輸的精神，正是今日得以成爲一流職業選手的主要因素。

這位勝負專門大師的最終想法，不外是「盡力就好」的觀念根本只是自己縱容自己的藉口罷了！

◎不論客戶多麼滿意，都只能認為只有百分之九十九的滿意度

△寺田千代野　一九四七年出生於兵庫縣。藝術搬家中心社長。本爲貨運行老板娘，之後以專門用女性員工的專門搬家公司急速發展，並準備向海外進攻。

服務業的宗旨就是「給客人百分之百的滿足」。藝術搬家中心的社長寺田小姐卻强調，不論客人多麼滿意，都不能掉以輕心，並自以爲那樣就夠了。即使服務品質已接近完美狀態，也要認爲只到百分之九十九的地步而已，這樣才能不斷努力。

寺田小姐徹底的服務態度早獲相當的評價。不管多麼麻煩的事，諸如搬家時的打掃工作、向左右鄰居打招呼的工作等，都在他們的服務範圍內。甚至有些客人不喜歡自己的家俱被別人看見，他們就提供貨櫃裝箱服務。

在這麼細心的工作態度之下，他們仍繼續追求那百分之一的服務品質。寺田小姐說：「服務是『免費』的，我們正爲沒有錢的事情努力。」

◎不能區別「存款」和「錢」的人是傻瓜

△藤本義一　一九三三年出生於大阪，大阪府立大學畢業，爲作家、劇作家。有很長一段時間從事廣播作家的工作，一九七四年發表『鬼の詩』（鬼之詩）而獲頒直木獎，確立了作家的地位。此外，他主持的「11PM」也很受歡迎。

關西人常把自己的錢分成「存款」和「錢」，「存款」是指存起來的錢；而「錢」則是指要花用的錢。

藤本先生的父親經常帶著兩個皮包出門，即使他最喜歡的賭博，他也不會動用到「要花用的錢」。

大家都說關西人很小氣，其實，他們只是把該花的錢和不該花的錢分得很清楚而已。用黑金中飽私囊的政治家和借債至不可自拔的年輕人，都屬於藤本先生所說的「傻瓜」，因爲他們把該用的和不該用的錢都用過度，區別不清，因此做出不合理的事。

你是否也清清楚楚地把自己錢包的錢，分成該花的和不該花的呢？

◎把這次的成功視為下次成功的引子；把這次的失敗當做下次成功的踏腳石

△土光敏夫　一八九六年出生於岡山縣，經營者。畢業於東京高等工業（現東工大學）學校。從石川島播磨（現ＩＨＩ）到東芝，積極經營，不遺餘力。是一位秉持著「個人樸素，社會要豐富」信念的經營者。於一九八八年去世。

被稱爲最後一位持明治人骨氣的財經界人士土光先生，在經營石川島播磨和東芝時，都充分發揮其精明能幹的特質。到了晚年，身爲「行政改革臨時調查會」主席，在政治上，也有一番大刀闊斧的作爲。

土光先生的信條是「苟日新，日日新，又日新」。經常維持一顆向前進，積極的心，不管成功或失敗，都將之視爲成功的踏腳石。

一般而言，我們很容易將失敗和成功兩極化，然而，如果我們仔細想想土光先生積極的思考方式，那麼，無論這次是成功或失敗，都可做爲下次成功的階梯。好好揣摩一下這位明治亡人的遺訓吧！

◎等到沒電再充電就太晚了

△大橋巨泉　一九三四年出生於東京都，早稻田大學肄業。曾任爵士樂解說員、廣播作家，為深具記者能力的節目主持人。此外，大家也都知道他深諳賽馬和高爾夫。

上班族在工作遇到瓶頸時，最常說的一句話就是：「我想到紐約去充充電再回來。」對這些自稱需要充電的優秀人材，大橋先生的話，恐怕會讓他們覺得不好意思。

大橋先生說：「那些在工作上遇到困難，就說想到美國充電的精英們，實在很可笑。簡單的說，等電動刮鬍刀沒電了才要充電，這樣來得及嗎？」

大橋先生的意思是，等到肚子裡蓄積的能源都用完了，才匆匆忙忙地想要再充實，這樣未免晚了一步。

在工作順利的時候，就應該為下一步做準備，否則，好不容易建立的東西，恐怕將功虧一簣。

◎適可而止

△青井忠雄　一九三三年出生於東京，畢業於早稻田大學。畢業後，進人父親的企業「丸井」公司工作，七二年，以三十九歲的年齡升任社長，之後，丸井在二十年中始終有豐富的盈收。在一九七四年美國時代雜誌的「世界下一代指導者一百五十人」中，青井忠雄先生也包含在內。

大家都知道，丸井的社長青井先生是一位對時代持敏銳感覺的經營者，他在很早的時候，就引進「利用電腦做顧客管理」的方法。

這位可說是「時代寵兒」的青井先生，只有一個很簡單的座右銘，那就是「適可而止」，也就是所謂的「中庸之道」。

在觀察時代趨勢時，我們很容易只注意流行的最先端，而不去看清楚那是時代的主流或者支流，要做到這一點「適可而止」，最重要的就是避免極端的平衡感。

這道理看似平常無奇，其實耐人尋味！

◎比賽前總希望比別人先入門內

年輕的天才騎師武豐先生表示，他每次比賽前都希望儘早進到門裡面，好好做心理準備，也就是有「先發制人」的心態。

他說：「其實，要做自己喜歡做的事時，自然容易集中心神，不知不覺就提早進入比賽場地的入口。」

這種心情和小孩要去遠足時，比平常早起的心情是一樣的。

也許，武豐先生太喜歡賽馬了，所以有著喜悅的心情。

現在，有幾個人能對工作持有這樣的熱情，每天一大早就跑到公司去上班的呢？

△武豐　一九六九年出生，賽馬者，爲刷新賽馬界記錄的天才騎師。他是被稱爲魔術師的邦彥先生（馴獸師）的三子，由於面貌姣好，深受女性歡迎，可說是現今賽馬界的核心人物。

◎躊躇是成功最大的敵人

△飯田亮　一九三六年出生於東京，學習院大學畢業，爲「セコム」公司負責人。一九六二年創立日本最早的保鏢組織（日本警備保障），後更名爲「セコム」。最近也著手於一般家庭警衛系統的開發。

セコム的負責人飯田亮先生最討厭的一個詞就是「躊躇」。他認爲那種無用的猶豫是奪走生意的好機會，並將未來之門關閉的最大障礙。

據說，自飯田先生創立警備保障事業以來，許多人都對他說，自己也曾經想這麼做。飯田先生問他們爲什麼不著手去實行，結果答案是「怕失敗了被別人看笑話」。這就是躊躇關閉了未來之門的典型例子。

對於未來的事，只有做了才知道。因此，不要光想著那些不可能的理由，而應該時常抱著一顆挑戰的心。

◎「誠實、勤奮、認真」會把公司弄垮

△堤清二　一九二七年出生於東京，畢業於東京大學。爲西武「セゾン」集團的代表，與其率領西武鐵道集團的弟弟堤義明有著完全不同的氣質。他是一位有文化經營感的企業家，以「辻井喬」爲筆名，從事詩和小說的創作。

乍見標題的「炸彈宣言」，可能有許多人嚇了一跳。「誠實、勤奮、認真」不是人生不變的價值嗎？

堤清二先生說這話有何含意呢？

首先，他認爲依照前人的方法，認真學習，只是因襲舊法，將遭社會變化之淘汰；其次，早上比別的同事早到，下班又比別的同事晚走的勤奮、誠實，沒有創造性，無法產生新東西。

在今後的時代中所需要的是，豐富的創造力和突發其想的想像力。堤清二先生希望大家捨棄以往的價值觀，讓自己的腦筋靈活一點，以跟上時代的潮流！

◎從對方的立場看勝負的局面吧！

名人戰中五連霸的名手小林先生，在棋賽中，有那麼個小小的癖好，他會一邊下棋一邊跑到對方的角度去看棋盤，因爲他認爲這樣可以從不同的角度發現不同的局面。

在勝負的世界中，很多事是難以預料的。有時候打算將對方一軍，卻反而讓對方有機可乘，予以反擊。

因此，爲確保勝利，站在對方的位置來觀察整個局面是相當重要的。

小林先生的話並非表示他不願意輸，只是多下那麼一點工夫罷了。

△小林光一　一九五二年出生於北海道，圍棋名人。在木谷實門下，於六七年入段。在比賽中之集中力極爲驚人。也曾在中日圍棋賽中因戰敗而理光頭。

◎如果有勝算的話，希望能贏到底

△荻原健司　一九六九年出生於群馬縣，Nordic滑雪選手。畢業於早稻田大學。阿爾貝爾五輪團體賽優勝後，成爲核心人物。之後在世界杯個人賽中，也榮獲第一名。現在朝「滑雪之王」的目標努力。

自荻原先生在阿爾貝爾五輪團體賽中發揮其優越的長才，廣受矚目後，就將「日本選手不擅面對大場面」這句污辱人的話踢得遠遠兒的。

在即將獲得世界杯優勝時，有人問他：「剩下的三戰之中，只要再贏一戰就穩操勝算了吧?!」

荻原聽了笑著回答說：「反正要贏，就要贏得徹底，我根本就沒想到只要再贏一場這回事。」

這種積極態勢，可以說是完全不怕壓力的成功之鑰，也印證了「攻擊就是最大的防衛」這句名言。

◎想到這是天職，整個心就飛揚起來

△毛利衛　一九四八年出生於北海道。從北大理學部化學科畢業後，在學校任教，八二年升爲助教授。一九八五年參加NASA的太空人選拔，九二年達成上太空的夢想。現在任職於「宇宙開發事業團宇宙站開發本部」。

每個人小時候都有夢想，而能真正實現夢想的，卻沒有幾個人。有時候光靠努力並不能有所成就，而需要好運的例子卻不少。當毛利衛先生看到應徵日本太空人的報導時，他對著天說：「莫非這是神賜的奇蹟?!」

他抱著想飛上太空的心去參加徵試，並認爲能去應徵就很令人振奮了。

其實，毛利衛先生對太空的憧憬並不像一般人一樣，只是個遙不可及的夢想。少年時代的毛利衛先生，曾經在鉛筆頭裝上火藥，然後再把這小小火箭綁在蟬的身上飛來飛去。

如果是因爲這個執著爲他帶來好運的話，那麼，我們可以說，拓展人生最大的力量在於「志」。

◎高中落榜，之後又進入二流大學的人最出色

△西和彥　一九五六年出生於兵庫縣，是日本個人電腦的寵兒，早稻田大學肄業。從學生時代就創辦「アスキー」雜誌，之後並著手開發軟體。現在，年輕一代對電腦有興趣的人，都這麼說：「說到電腦就是西和彥先生。」可說是年輕人立志傳中的人物。

西和彥在大學就學中就開始開起公司，十年後，公司業績如日中天，竟達到一百億日圓的銷售額。他可說是天才型人物，點子總是特別多。

西和彥先生小學時非常優秀，但高中時不太用功，所以進了二流大學。但他卻表示：「像這樣的人發展性最大」。從這句話可以看出，雖然他高中成績不好，但小學時出色這件事卻讓他很得意。

換句話說，如果基本理解能力很好，且不受聯考之思考模式套住的話，比一般人更能發揮創造性的能力，想出來的點子也特別新鮮。

西和彥先生重考一年才進大學，且念了八年又退學，雖是個天才型人物，但仍不能算是社會上的精英份子。

◎花點腦筋做正確的努力，並重視過程才是上上之道

△野村克也　一九三五年出生於京都，爲養樂多的領隊。在峰山高校時參加考試後，進入南海（現大榮）團。在打出六百五十七支全壘打後，成爲日本的強棒。退休後仍協助養樂多隊。

「體力和氣力有界限，但智力卻沒有。我就是從這裡爲出發點，重視資料，然後開始我的棒球生涯。」

野村先生爲職棒球員時，透過對投手之投球傾向的分析，達到百分之七十到八十的擊球率。

這種正確且敏銳的觀察力至今不變。因此，捕手古田敦先生從不離野村教練的身邊，隨時研究對方投手的配球。

野村先生的勝負之道，在於預想對方出手的方法，幾近於「創作」的思考方式，因此他的球看起來有趣，而他的教法也深入受教選手的心中。

◎每次正式表演前，就會抱著「今天要成為天才」的心情

△山下洋輔　一九四二年出生於東京，畢業於國立音樂大學。爲爵士樂鋼琴家，曲風自由，亦擅長寫作。有『ピアニストに手を出すな』（不要招惹鋼琴家）等多數著作。

爵士的生命在於『勁』，這個勁依演奏者當時的身體狀況和精神狀態等，會有極大的差異。

爵士鋼琴的第一把交椅山下洋輔先生表示：「在演奏要開始之前，一方面會擔心，今天會不會不順利；但同時也有一種，今天可成爲天才的高昂情緒。這兩種心情總是混雜在一起。」

當他表演成功時，應該就是後者的情緒勝利的表示。

其實，有時候成功和失敗只在於心裡抱持著什麼樣的想法，也許想像力就可決定一切也說不定，偶爾把自己想像成天才也不錯。

◎行家必須注重打擊率

△廣岡達朗　一九三二年出生於廣島，爲棒球評論家。從早稻田大學進入巨人以後，成爲名遊擊手。退休後擔任養樂多、西武等隊伍的領隊，總有辦法在他任領隊時讓該隊獲第一名。許多企業家把廣岡式棒球管理法拿來做爲事業的藍本。

提到廣岡達朗，至今爲止仍以培育西武爲日本第一球隊而聞名。在他自身爲球員的時代，是一位臂力强、善守的名遊擊手。以下是他的守備哲學：

「不要常犯錯，並且訓練堅實的打擊能力是最重要的。而不是光會耍帥。行家本來就必須注重打擊率。」

廣岡先生將他這「行家必須注重打擊率」的守備理論具體呈現在數字上，就像一位內行的商人一樣。

真正的成功不在於表現傑出的打擊姿勢，而是踏實的建立堅實的打擊能力。

◎如果相信煩惱能夠解決，人生將只有越來越苦而已

△岸田秀　一九三三年出生於香川縣，早稻田大學畢業。為精神分析學者。他對現代社會的精神分析，有獨到的能力，又能用一般人容易了解的解說方式來分析，因此相當受歡迎。其三部作『ものぐさ精神分析』（懶人症精神分析）一直保持良好的銷售能力，其他還有『嫉妒の時代』等著作。

每個人都或多或少有些煩惱，而這些煩惱能夠得到解決，使人生過得愉快些嗎？心理學者岸田的答案是：「不可能！」

他表示：

「有煩惱的人總是認為煩惱有解決之道，人生是可以從煩惱中解放出來的，然後拼命掙扎，不肯面對事實，最後煩惱只會變得叫人更無法忍受而已。」

換句話說，為了解決煩惱而拼命找方法，只會陷入泥沼中而已。煩惱其實是無所遁逃的，只能從正面來接受，並生活下去。

也許這些話不能解救某些人，但是，只有將煩惱變換成「緊張感」，往積極方面去想。

第4章……

克服困難

……

◎如果沒有受傷的話，我可能會始終認為相撲沒什麼難的

△曙太郎　一九六九年出生於美國夏威夷，本名羅文查得，爲相撲選手。是繼高見山、小錦之後第三位夏威夷出身的力士。一九九二年進升橫綱（相撲最高階），達到相撲界的頂點。

第一位以外國人身份進升橫綱的外國選手曙太郎，前年在名古屋場前，因左腳小指骨折而休戰。對於一向勢如破竹的曙太郎而言，這件事無疑是相當大的打擊。

然而，這位自認爲不會輸給任何人的力士卻表示：

「其實因爲這次受傷，我對事物有了新的體驗。無論如何，相撲真的是既深奧又了不起的運動，而且再怎麼强的力士，也會有碰壁的時候。」

他想表達的是，不論程度升得多高，都沒有到達頂點的一天。由此可見曙太郎向上之心。

◎不要怕失敗；什麼事都不做才可怕

△本田宗一郎　一九〇六年出生於靜岡縣，十六歲入東京「アート商會」公司，四六年設立本田技研所。從摩托車的生產到轎車產業，業績一路領先。現在，本田的引擎世界聞名。本田於一九九一年去世。

「不懼任何失敗，勇敢追求自己的夢想」——這是形容本田宗一郎最貼切的語句。

他的一生，可以說是始終秉持不屈不撓的精神。

年輕時的本田，充滿自信的向世界公佈：「我要造出世界最快的引擎」！儘管旁人嘲笑他，他仍埋頭苦幹，終於實現了夢想。

雖然本田先生已於一九九一年辭世，但這位商業界的巨星所留下來的名言，卻永遠燃燒著我們的心。

◎跌倒了，但我盡力了

一九九二年在巴塞隆那舉行的馬拉松賽中，有一幕令人極爲感動的畫面。

那就是谷口浩美在三十公尺處跌倒後，立刻起來穿好掉了的鞋子，然後急起直追，跑完全程的鏡頭。

跑到終點後，谷口連一點不快的表情也沒有的說：「我跌倒了，但我盡力了。」臉上充滿了盡力後清新的滿足感，充分表現出運動員不屈不撓的精神。

大家都知道這個道理，但有幾個人能在人生中遇到挫折時，真的像谷口那麼有勇氣呢？

△谷口浩美　一九六一年出生，馬拉松選手。一九九一年獲世界金牌。翌年參加巴塞隆那比賽，途中跌倒卻仍拼命追趕，結果榮獲第八名的獎賞，當時日本全國都相當感動。現屬於旭化成公司。

◎人在逆境時最有活力

△系川英夫　一九一二年出生於東京，畢業於東京大學。航空、太空工學者。一九五五年透過小型火箭的實驗，奠定日本太空開發的基礎。對於其他音響工學、系統工學也很有貢獻。其暢銷著作有『逆轉之奇想』等。

戰國武將山中鹿之介曾說過：「請在我身上加上七難八苦吧！」

而在現代社會，與他持著同樣信念的火箭博士系川英夫先生也表示：「積極地接受困難的挑戰！」

系川先生常常左手收到錢，右手接著就花掉了。

他認爲人若置身於危機狀況，緊張的感覺增高，集中力也會增加，因而發揮意想不到的能力。就好像遇到火災時發揮的潛力一樣。

所以，想發揮真正的實力，就多製造些逆境吧！

◎落到最底層後，心才開始純淨起來

△東山魁夷　一九〇八年出生於神奈川縣，畢業於東京藝術大學，爲日本風景畫代表作家，皇居新宮殿的壁畫即出於其手。其他還有『道』、『殘照』等作品。一九七三年獲文化勳章。

現代日本風景畫代表作家東山先生，自稱自己是「長距離跑者」，因爲他不是那種早熟的天才型人物，真正開始有成就是在三十五歲以後，也就是戰後。

「在戰前，我一直覺得自己作的畫要被世人所肯定才算成功，是一件阻礙我畫畫的事；然而，當接到召集令，連活著都成問題時，忽然心情開始淨化起來……。」

東山先生想表達的是，當他陷入連想畫畫都不能的境地時，才第一次感受到可以拋棄邪念，看見事物的真實狀態。

在起起伏伏的人生中，跌落谷底時，正是給自己一個重新檢視自己的機會。東山的一番話，給我們不少的勇氣。

◎沒有危機感的地方就沒有成功

△中內功　一九二二年出生於大阪，畢業於神户高商（現神户商大）。戰後繼承家裡的藥局，展開和消費者結合的廉價生意法，於一九五七年開了「主婦之店—大榮」，奠定今日隆盛的基礎。著有『我的廉價哲學』等書。

大榮的創業者中內功堪稱爲「流通業界的英雄」，他始終保持戰鬥姿態，現在仍不斷向連鎖産業、棒球球隊的經營等各方面挑戰，持續追求新的可能性，從不厭倦。

自他從戰爭中死裡逃生之後，對什麼事都持有危機感，拼命似乎已成爲他的習慣。

雖然了解稍有不慎就會墮入地獄的深淵，但是能夠像中內一樣隨時抱持危機感，努力工作的人著實少見。

你也經常抱持危機感嗎？

◎在受傷的那一瞬間，不知道為什麼，就覺得自己一定會贏

在奥運比賽前，於練習場受傷的古賀先生，雖然知道關心他的人都很擔心他，但他自己卻表示，因爲受傷而更有勝利之心。

「受傷之後，心裡那股勇猛的競爭心消失了。然而，待之而起的卻是自信心，那種過去幫我渡過數次危機的精神力量，沒有像現在那麼清晰，那麼有力過。」

古賀先生在大學時代也曾在賽前受傷而無法運用他最拿手的過肩摔，但卻也因此而編出新的技法，榮獲冠軍。

所以，危機是提高自己技術的轉機。古賀先生的經驗就是最好的例子。

△古賀稔彦　一九六七年出生於福岡縣，畢業於日本體育學院，爲日本柔道界的閃耀之星。在參加奧運前受了傷，卻仍獲得金牌。其最擅長的莫過於過肩摔，被稱爲「昭和之三四郎」。

◎不行的話，再試試別的

△小田實　一九三二年出生於大阪，畢業於東京大學，爲作家、評論家。從美國留學回來後，出版了『什麼都該看一看』一書。之後，積極從事市民運動。著有『遠離越南』等書。

冒險精神似乎總是隨著年齡的增長而逐漸變小。大部份的人在年輕時都喜歡冒險，等達到一定年齡之後，就自然而然考慮到生活的安定，恐懼失敗。

自認愛冒險的小田先生卻認爲這種怕死的生活方式沒有充實感。

「冒險家是不會隨便就產生挫折感的。如果不行的話，就再試試看別的。」

小田的一番話聽起來極平凡，但「不行的話，就再試試看別的」，這句話卻值得細細思考。

一般人對所謂的法定年齡都很在乎，容易決定自己幾歲時該做什麼。而小田的拼命態度，卻告訴我們，不論幾歲，人生都可以重來。

◎如果今天不行，就沒有明天了

△三浦知良　一九六七年出生於靜岡縣，爲足球選手。從靜岡高中學園休學後，到巴西留學，學習足球。九〇年回國後進入讀賣俱樂部，現在爲「J聯盟」的閃耀之星。

三浦知良隻身赴巴西留學，是在十五歲的時候。在巴西的底層生活，可說是苦難的延續。只要自己的球隊輸了，他就把責任完全推在自己身上，認爲「沒技術」、「太差勁了」。

「今天打不好，明天就不能上場」，危機意識不斷刺激著他，使他產生了驚人的集中力，達到「超級選手」的境地。

他常常說自己被逼到一個不能回頭的境地，然後發出意想不到的潛力。三浦對自己不妥協的嚴格態度，令人敬佩。

◎人生的勝敗在於能否順利跳開

△野坂昭如　一九三〇年出生於神奈川縣，早稻田大學畢業，小說家。以『アメリカひじき』（美國羊栖菜）和『火垂る墓』（螢火蟲之墓）兩部作品獲直木賞。曾因桃花案被起訴，也曾任衆議院員候選人，是一位行動力強的人。

野坂先生說：「到目前爲止，我的人生都是一邊脫逃一邊走過來的，我甚至認爲逃的人生才是正確的人生。」

一般聽到「逃」這個字，不免給人負面的印象。然而，野坂先生真正要表達的是，如果處在無論如何都無法伸展的局面下，不要勉强前進，也許有些狼狽，但先稍稍退一下，想想如何自在的改變一下身份。

對一位登山者而言，真正的勇氣不是表現在惡劣的天候狀況下去登山，而是在遇到惡劣天氣時毅然決然地下山。

野坂先生軟性的想法，不外是告訴我們，在人生的過程中，勉强前進不如先後退的臨機應變智慧。所以，他被稱爲「逃避專家」。

◎想要下決心做某件事時，就趁有風險的時候做吧！

△嶋信彥　一九四二年出生於南京，於慶應大學畢業後進入每日新聞社工作。八一年～八四年被派遣到美國擔任華盛頓特派員。八七年離職之後，成爲自由記者，活躍於電視、雜誌等舞台。著有『新冷戰後』等書。

人家說：「打鐵趁熱」，而身爲記者的嶋信彥卻有另一套說詞：「想要做的事最好趁有風險的時候開始做。」

嶋信彥辭去每日新聞社的工作，是在他四十五歲的時候。其後的十年可以說是工作最起勁，競爭最激烈的時段，而他卻在那個時機決心離開公司。

當時，他也爲長期建立的人脈和情報網將喪失而感到不安。

然而，在「想做的時候就去做，如果怕風險，什麼事都做不成」的信念下，他仍然堅持自己的決定。

想要一個新的開始就一定得冒險，但若錯失良機，則終身懊悔。

◎不論輸贏
都可以拿得到旗子

△蔦文也　一九二三年出生於德島縣，畢業於同志社大學。本是高中棒球領隊，在七二年的選拔大會中，其率領之池田高中獲總決賽優勝，之後，在夏春連賽中，又三次獲全日本第一，被稱爲棒球界的不倒翁。

現在已退居第一線之後的蔦文也領隊，在池田高中棒球隊的時候，被稱爲「擅攻的不倒翁」。當池田高中第一次在甲子園的決賽中爭取勝利旗幟時，蔦文也教練對選手們說：

「不論勝負，我們都可以拿到旗子。」

他的意思是，不須執著於眼前的勝負，只要慢慢的打，一定會成功。這就是蔦文也輕鬆的人心掌握術。

在那次比賽中，池田高中雖然未能獲勝，但他悠閒的棒球傳統，卻成爲之後三次全國冠軍的原動力。

◎低潮的特效藥就是微笑

△米長邦雄　一九四三年出生於山梨縣，中大畢業，爲將棋棋士。以「清爽流」的棋風橫掃千軍。八五年成爲四冠王。九三年打敗中原誠後，終獲名人之頭銜。

一般人遇到低潮時，大概都想設法跳出來，反省一下、修正一下。

然而，這種從正面調適的「正攻法」，需要較長的時間，有時候想得太多反而延長低潮的時間，造成惡性循環。

米長先生的想法是，遇到低潮時，乾脆下決心去做自己想做的事，讓自己打從心底開心起來。

據說，他每次不順遂時，就跑到拉斯維加斯去大賭一番。

◎發明是辛苦的產物

△中松義郎　一九二七年出生於東京，爲發明家。畢業於東大工學博士班。其發明的東西，包括磁碟片等二千四百種產品，連續十年獲頒世界發明大賽最高榮譽獎。

中松博士從發明磁碟片後，就不斷爲世界創造各種新奇物品。沒有人能想像他二十幾歲時，每天所做的工作就是數螺絲。

中松在少年時代就已取得專利，可說是「天生的發明家」。因此，數螺絲的單純工作，對他而言，簡直是酷刑。

然而，那一段刻苦的生活，卻成爲發明家克服困難的精神支柱。遇到逆境時，端看自己到底是就這樣被擊垮，還是透過逆境，上緊發條，邁向成功之路。

◎如果冷靜思考的話，越害怕越無法成事

△高野悦子　一九二九年生於舊滿州，岩波會堂負責人；畢業於日本女子大學。一九六八年岩波會堂創設時就擔任負責人，在會堂讓各國的佳作上映，可說是掀起小型戲院風的創始人，著有『電影人間紀行』等書。

高野在岩波會堂設立的同時，擔任負責人才三十八歲。這麼年輕的女性，擔任只有二百二十席的會場主席，在日本可說是史無前例，經營不善之聲，不絕於耳。

儘管周圍中傷之聲不斷，說：「女人家怎麼有辦法做得好」等，高野小姐仍以試試看的心情，努力經營。

回憶會堂草創時的一切，高野小姐表示：「如果太冷靜去思考，會越擔心越成不了事。所以，我抱著即使會堂結束也不懊悔的心情，拼命選片（電影），拼命播映。」

大抵做爲一個開拓者，必須多一點胡來和勇往直前的勇氣，才能創造奇蹟。

◎靜靜不動是不行的，動一動做點什麼吧！

在相撲場上，力士意識到不利或處於劣勢的時候，通常採取「接受」的被動姿態。

而貴乃花和若乃花之父二子山先生，卻不斷地告訴力士們，與其靜止不動，等對方出手，不如主動出擊，才有勝算。

在練習場中，如果有力士站著不動，等待對方出手，就會立刻聽到叱責聲：「不要靜著不動，做點動作吧！」

二子山先生的意思是，越不利時越要主動攻擊，否則連萬分之一的機會都會喪失掉！

△二子山利彰　一九五〇年出生於青森縣，元大關—貴乃花。擔任相撲選手時很受歡迎，退休後創立後藤島部屋，之後和二子山部屋合併，繼承二子山之名。爲若乃花、貴乃花兩名力士之父。

◎選擇難走的那條路

△西本幸雄　一九二〇年出生於和歌山縣，爲職棒解說員。曾任大每、阪急和近鐵三球隊的教練，八次獲聯盟優勝，但卻從未達到日本第一的成果，因此被稱爲「悲運之名將」。從一九八一年起任解說員。

西本先生爲現任近鐵教練的鈴木啓示先生當年的教練。

在西本任教練的最後一年，鈴木遇到瓶頸，只要投球就出局，結果萌生退引之心。西本見狀，對他說了這樣的話：

「選擇困難的路走吧！輕鬆的路隨時都可以走！」

所謂「困難的路」，當然是叫他繼續打。西本要身處逆境的鈴本接受困難的挑戰。

西本先生想要表達的是：「唯有走過艱辛之路，才能達到人生的頂點」。鈴本聽從他的話，繼續努力，創好幾屆的佳績，累積了三百一十七個優勝記錄符號。

◎即使一定會輸，也要輸得有氣勢

勝負本是難預測的事。當然，失敗是一定會發生的，但是，失敗的方式卻可以用來判定一個人的價值，這是裁判木村先生的看法。

木村先生說，同樣是失敗，在力士有精神和無精神時的表現方法卻截然不同：

「有精神的時候氣勢很好，但在没精神的情況下失敗的話，屁股往後一『＜』，然後倒下，實在不堪入目。」

如果居於劣勢，已經明白非輸不可了，那麼，至少以有氣勢的態度結束比賽，而不要表現放棄的模樣。因爲，這一場輸了，還有下一場。

△木村庄之助　一九二五年出生於岩手縣，本名熊谷宗吉。一九三六年透過立浪部屋初入摔跤場，七四年成爲裁判式守伊之助，八七年承襲庄之助之名，爲第二十七代的「庄之助」。

◎人生最大的關鍵時刻，常常也是最好的機會

△門田博光　一九四八年出生於山口縣，爲棒球評論家。爲大榮球隊球員，以天才強棒聞名，總全壘打數超過長嶋先生，達五百六十七支。九二年退休後爲一名活躍的棒球解說員。

球界强棒門田先生在其棒球生涯中，曾經歷「跟腱」斷裂的重大事故，一度落入絕望的深淵。在那時候解救他的是中國的一部古書「菜根譚」。

在書中所記載的人生經歷和教訓，給他很大的激勵和勇氣。

他表示：「這次受傷是上帝要給我一點休息和思考的時間。這樣想想，我就覺得人生最大的關鍵時刻，其實就是個好時機。」

這樣的人生觀格局很大，果然是門田這樣的人會有的人生觀。從這裡可以看出，人的才能取決於逆境中的生存態度。

◎我只活在今天，所以我有活力

以個性派演員知名的天本英世，生活方式也很獨特。家裡漏雨的話，他可以棄家出走，無家可歸也無所謂。然後借住在洗衣店二樓，白天則一整天在公園裡閒逛。

看到這裡，許多人一定忍不住要問：「爲什麼？」天本英世的回答是：「對我而言，沒有過去，所以也不必回首。我只活在今天，因此我有活力。」

接著他又說：「現在的日本人好像只爲了明天或半年後而生活，全是些不知有沒有在生活的人。」

他的生活方式對失去豐富生活色彩的我們，可說是一徹底的批判。

△天本英世　一九二六年出生於福岡縣，從東大法學部休學後，參加「乞食になるつもりで」（打算成爲乞丐）的演出而成爲演員，之後演出多部電影，爲有個性的配角，評價相當高。最近也常參加電視演出，如「平成教育委員會」等。

◎清貧思想是日本最值得誇耀的文化

△中野孝次　一九二五年出生於千葉縣，畢業於東京大學，爲作家、評論家。一九八七年，以自己和愛犬之間的點點滴滴爲背景而出了一本『愛犬的每一天』；九二年出版『清貧思想』，兩本均爲暢銷書。此外，也積極參加反核運動。

在這個消費已達極致的社會，中野孝次的『清貧思想』賣得特別好。

這是因爲習慣大量消費的現代人，開始注意到物質文明已經走到盡頭，並對國家的未來感到憂心。

在書中，中野先生這麼表示：「日本有重視心靈世界的文化傳統。在現世的日常生活儘量簡樸，而心能悠遊於風雅的世界，這才是人類最高尚的生活方式。」

中野要表達的不外乎是精神生活重於物質生活。現在，我們所面臨的地球危機問題，恐怕也只有人類的「心」才能解救得了了。

第5章……

秉持信念

……

◎如果自己寫的東西不能打動人心的話，那麼乾脆選擇其他的工作

△立花隆　一九○四年出生於長崎縣，東大畢業，爲非小說類文學作家、評論家。以『田中角榮研究』一書揭發首相罪行而受社會矚目。在政治、社會、科學方面都有不錯的作品。

當立花隆先生完成他的成名作『田中角榮研究』後，與其說有一種成就感，不如說有挫折感。

若問原因是什麼?那就是自己一邊完成超過一千張的報告，一邊受一種無力感折磨：這本書到底會讓人動多少心?世界也不會因爲這份報告問世而有多少的改變吧!?他並指出：「真正的工作是要使人動心的，而不光是自我安慰而已。」

我們平常做生意時，不太會思考激勵人心、動搖人心的問題。但是，這樣的工作能給自己帶來多大的幹勁和成就感呢?

其實，能影響社會的工作本來就不多，因此，只要持有像立花隆般的志向就很難得了。

◎公司是培養人材的道場

△素野福次郎　一九一一年出生於兵庫縣，畢業於神户育英商業大學。三七年進入東京電氣化學工業（現ＴＤＫ）公司，六九年昇任社長，成功地將ＴＤＫ帶入世界頂尖之錄音帶企業，在紐約亦有股票上場，八三年轉任會長。

ＴＤＫ會長素野先生常說：「家庭和學校都靠不住，只有企業才能教育人材，公司是修行的道場……。」

素野先生對人材的教育是相當徹底的。每個月召集公司幹部開讀書會，並看過每個人提出的心得報告，然後適度修改，簡直和學校一樣。

素野先生之所以那麼注重企業教育，是因爲他認爲生活的教養和實踐的智慧絕對無法在教室中習得，只有透過與日常生活息息相關的工作現場，才能徹底深入人心。

在這個論點的背後，可以看到「人的資質是無限的，而企業家就是要活用這些資質無限的人材」。

◎我所抱持的始終是專業的態度

曾經閃耀一時的足球界英雄釜本先生，在J聯盟開始運作時，開玩笑的表示：「如果早一點運作，也許我已經蓋一棟大廠房了。」

釜本先生最後仍以業餘球員繼續他的足球生涯，但他卻表示：「心裡始終本著專業的心態在做。」

釜本曾說過：「所謂的專業，要做到磨練技藝、鍛鍊體力、符合球迷的期待等。」專業和業餘的差別只在「有沒有賺錢」的差異上罷了。

在各行各界生存的我們，是否也達到這種「專業」上的自信與能力呢？

△釜本邦茂　一九四四年出生於京都，「J聯盟」大阪之教練，畢業於早稻田大學。一九六八年在墨西哥舉行的奧運賽中，獲得銅牌，成爲日本足球界的閃耀之星。

◎一心一意是決定能否成大器的關鍵

△北島忠治　一九〇一年出生於新潟縣，明治大學畢業，爲明大橄欖球隊教練。學生時代本是相撲社成員，二九年才轉入橄欖球隊，指導學生長達半個世紀以上。其豪放磊落的性格，頗獲球迷的喜愛。

長期指導明大橄欖球隊的北島教練，始終以「自主、尊重」的理念來帶學生。他除了教給學生基本的球技外，其餘就交給學生自主的判斷能力，絕對不會拘束選手。

北島先生認爲，教練若對球員要求、設限太多，他們反而無法一心一意的投入比賽，因爲沒有自主性就沒有大成就。

一般主管在指導屬下時，往往單方面要求部屬依其方法行事，而不重視其自主性，這樣，部屬是無法成長的。

名伯樂——北島先生，就是要警告我們這一點。

◎我認真寫作，認真生活

不知是否因爲景山原爲廣播作家的關係，他的作品中有著濃厚的玩笑和幽默色彩。由於他和某新興宗教有很深的牽連，並帶領激烈的示威運動，因此，一般社會上的人都以嚴厲的眼光看他。捲入是非的景山，在當時說了這樣的話：

「也許我的表現方式有問題，但是，我仍將繼續認真的寫作，認真的生活。」

寫笑話、深入宗教等，使得世人不僅用異樣的眼光看他的爲人和作風，也用有色的眼光看他整個的人生。然而，沒有人敢說，忠於自己的信念是可恥的，如果要批評他的話，也只能批評他的作品了。

△景山民夫　一九四七年出生於東京，慶應、武藏野美大學肄業。原爲廣播作家，八七年發表『脫離虎口』一書，成爲正式作家。以『遠い海から來たCOO』（來自遠洋的COO）一書獲直木賞獎。

◎沒有對手的人不會成長

△加藤唐九郎　一八九九年出生於愛知縣，陶藝家。從小受家中陶器製造的影響，而熱心研究桃山期古陶的製法。戰後「永仁の壺」事件成爲焦點話題，可稱得上是現代陶藝的第一把交椅，能在建築物上做陶壁，八五年歿。

「當人想構築些什麼的時候，一定會有對手出現。換句話説，能夠有敵人出現，表示這個人的內在，已經有某種程度的東西形成。所以，到三十五歲時還沒有敵人的人，可以説是個廢人。」

這是陶藝家加藤的想法。他的一生毋寧是一場無止境的鬥爭。在昭和初期，因爲他否定瀨户燒陶之祖的存在，而遭圍毆，甚至被逐出故鄉瀨户。

然而，加藤至死仍是個叛逆者，因爲他堅信害怕敵人出現而迎合世間的人，不能做出創造性的事業。

加藤「人生是靠爭取得來」的信念，和現代一味注重協調性的價值觀，形成强烈的對照。

◎即使被人說是驕傲自大，也不想改變成溫柔、老實的模樣

△蓮舫　一九六八年生，在青山學院就學時，就已擔任模特兒的工作，之後在演藝界也相當活躍，九三年開始向新聞記者一職挑戰。

在日本這個社會，動不動就做出引人矚目的事，會引來「鋒芒太露」的批評，甚至遭周邊的人扯後腿。

對這位原從事模特兒工作的女孩，要跳到完全不同領域的新聞界擔任記者，世人皆投以質疑的眼光。

在這個時候，蓮舫卻仍維持其清高、果敢的特質，不因社會的壓力而變得柔和、獻媚。她表示：

「我知道大家都說我傲慢，但我一點也不想改變！」

蓮舫的生活態度不外是──主張個性一定要接受多多少少的誹謗，但寧可如此也不願流於凡庸之輩。最近開始打出「尊重個性」的企業，也許會欣賞像她這樣的人。

◎懼怕權威就沒有創造性

△利根川進　一九三九年出生於愛知縣。從京都大學理學部畢業後，到加利福尼亞聖地牙哥大學留學。畢業之後在瑞士某研究所工作。一九八七年榮獲諾貝爾醫學生理學獎，爲第一位獲此獎的日本人。

第一位榮獲諾貝爾醫學生理學獎的日本人利根川進先生，在進入研究所三個月後，即轉到美國當地去做研究。他表示：

「在注重權威主義及團體和諧的日本，不如到注重個人主義的美國較能伸展。」

又說：「如果一定要我說的話，我認爲日本人的活力都被傳統文化的慣例、門面、虛榮及義理等削光了，如果能給個人多一點自主的空間，我相信大家會更有活力的去做些有趣的、創造性的東西。」

對於生存在這個管理社會的我們，利根川進先生這種想要逃脫統一規範的說法，實在刺耳。

◎任性的想，任性的做

△青木功　一九四二年出生於千葉縣，爲職業高爾夫球員。自一九六四年成爲職業球員後，被冠上「開創日本」、「日本專家」等大頭銜，相當受歡迎。在一九七八年的世界高爾夫球算分賽中，也有優異的表現。

已經邁入年長者年齡的青木，仍被稱爲「世界的青木」，大家仍然津津樂道他這個人；「不在教科書中的高爾夫」、「兩手能伸至膝蓋以下的青木」等。

青木自己斬釘截鐵的說：

「高爾夫的風格只屬於自己，不屬於任何人。」

他始終堅持自己的風格。

其實，不只是青木如此，世上被稱爲名人的人，幾乎都保有自己的特色與風格，並且都照自己想要表現的去表現，這種貫徹自己想法的作爲，正是名人培養能力的根本之道。

◎現在我有負擔自己的自信

三十歲是人生一個重大轉捩點，這句話對演員田原俊彥來說似乎也不例外。

他表示：

「三十歲一到，覺得好像終於領到『活過一個時代』的護照一樣。到目前爲止雖然自己一直往前衝，但卻覺得從今天開始才真正能做只有自己才辦得到的事業。」

從這裡可以看出從偶像級明星蛻變成成熟演員的田原俊彥，確實已成長爲有自信的大人了。

人生有許多階段，三十歲、四十歲、五十歲都是一個分界點。每一個分界點都是好好省思今後的好機會，大家都應該利用時機好好思考自己的人生。

△田原俊彥　一九六一年出生於山梨縣。主演『三年B組金八先生』後成爲影星。八〇年以一曲『哀愁でいと』（哀愁之絃）而爲偶像歌手，在電視舞台上相當活躍。

◎如果不想做的話就請回吧！

△小澤征爾　一九三五年出生於舊滿州奉天，桐朋學園大學畢業。爲名指揮家。一九七三年起擔任波士頓交響樂團之音樂總監，一躍而爲「世界的小澤」，在國際舞台上相當活躍。

如果你在工作場所被比自己年輕的人說一句：「你如果不想做的話就請回吧！」不知道會有什麼樣的心情？

當小澤還是初出茅蘆的新手時，看到一位有名的年長獨奏者因練習不足而表現不佳，立刻丟給他這句話，請他從排練會場回去。

大概周邊的人都會認爲小澤年輕氣傲。但是這正顯不出小澤在工作上絕不妥協的態度。

如果不是對自己的工作有强烈的自信和信念，是無法說出這麼嚴厲的話的。

相對於語意曖昧冗長的處世方式，小澤的話語顯得格外鮮明强烈。

◎男人一定要保有可以讓人刮目相看的東西

△中嶋悟　一九五三年出生於愛知縣，名城大學附屬高中畢業，爲日本第一位有名的賽車手，其精湛的車技令人驚嘆。在一九八七年的季節賽中囊括十一項獎項，爲帶動賽車熱的先驅。

在我國賽車史上居劃時代地位的中嶋，第一次參加國際比賽時，周圍的人都對他頗有微詞：

「何必一定要參加國際賽呢？在日本一樣有許多機會可獲獎啊！」

然而，中嶋卻不願意當井底之蛙，毅然決然投身強豪林立的世界舞台。

中嶋認爲始終將自己置於安全的場所不會有進步，人要不斷立志，不斷往上爬，才能成長。

支持賽車手中嶋的，正是這種「看吧」！的不服輸精神。

◎懷疑自己能力的人是傻瓜

△宇野千代　一八九七年出生於山口縣，畢業於岩國女高，小說家。以『脂粉の顏』（脂粉紅顏）一書入選懸賞小說，之後即到東京開始了作家的生活。和畫家東鄉青兒結婚又離婚一事，引起衆人關注。代表作有『色ざんげ』（色懺悔）、『おはん』等。

宇野千代尚未成名時，曾有一次帶著自己認爲相當優秀的作品到雜誌社，並巧妙地在當場就被採用。

她最喜歡的一句話就是：

「現在你所表現的能力只不過是冰山一角而已，真正的能力藏在深水中。」

宇野認爲，懷疑自己的潛力或在意別人中傷之詞的都是傻瓜。人只有確認自己的能力才能成功。

年過九十，每天仍坐在桌前的宇野，或許覺得現在的自己仍是「冰山的一角」，人生永遠沒有終點站。

◎我從來沒有嫉妒過年輕人的才能

△森英惠　一九二五年出生於島根縣，畢業於東京女子大學，爲服裝設計師，六五年在紐約的大飯店開首次的發表會，之後陸續爲名人設計服裝，一躍而爲頂尖設計師。HANAE·MORI）（森英惠）現爲日本知名品牌。

流行設計師是一種最注重時代感覺的職業。因此，想要始終維持一流，是難上加難的事。

無論目前是泰斗或者權威，只要稍一輕忽，很容易讓有創意的年輕人追趕過去。

森英惠表示，她從來沒有對年輕人的這種才能感到嫉妒。因爲她認爲，只要定期推出八十五分以上的作品，就可說是一流設計師。

換句話說，持續就是力量。即使沒有擊出全壘打，但累積的安打數仍可造成好的打擊率，這就是在這個競爭社會的生存之道。

那些嫉妒或羨慕年輕人才能的人，應該細細咀嚼森小姐的話。

◎只要全心投入，有心人一定看得到

△古今亭志ん生　一八九〇年出生於東京，本名美濃部孝藏，經十六次改名的奮鬥過程，終於承襲了「志ん生」之名，成爲第五代「志ん生」。其飄逸之措詞及獨特的相聲口技，相當受人歡迎。名相聲家「志ん朝」爲其次男。一九七三年去世。

雖然志ん生先生已離開人間二十年了，但在大家的心目中，他仍是「永遠的說相聲者」。因爲他瀟灑的藝能表現和充滿人情味的語感，深獲大家喜愛。

年輕時的志ん生雖然在相聲的成就上受到相當的肯定，但由於生性淡泊，不重名聲，因此並沒有更突出的表現。一位看不慣的友人嚴厲地斥責他說：「覺得遺憾的話，就做給我們看啊！」經過這一刺激，他果真更加投入於自己的藝能世界。

在人生當中，某些時期似乎一定要完全瘋狂才行。瘋狂地投入才能像志ん生一樣由自我滿足的藝人走向受萬人肯定的大道。

◎嚴厲地向自己的無力感、庸俗挑戰，才能看見自己也看見別人

△むのたけじ　一九一六年出生於秋田縣，本名武野武治，畢業於東京外語大學西班牙語系。曾任「報知」、「朝日」等公司之新聞記者，四八年在秋田縣橫手市創「たいまつ」報，爲活躍的市民記者。

新聞記者むの在戰時，曾在婆羅州海遇到暴風雨，指揮官命令他們通通跳入海中，結果他們順利逃過一劫。

從那以後，むの的人生觀變成「只要勒緊褲帶，死也不是什麼可怕的事」。

然而，到了老年，他的想法又有了改變：「不論處在什麼境地，爲了生存而掙扎、努力才是人類倫理的出發點！」

只有這樣和自己戰鬥，才能真正看到自己也看見別人。

◎名非我所欲，黃金亦非我所欲；我尊崇的，只有「志」

△西澤潤一 一九二五年出生於宮城縣，畢業於東北大學。爲半導體元素工學先驅者，近來開發新型半導體，廣受矚目，可望成爲下一屆諾貝爾獎得主。

光纖通信的權威西澤潤一，可說是現在日本最可能獲頒諾貝爾獎的候選人。標題的座右銘其實是他學校的校訓。

意思是：不要沈溺於富貴和名聲中，而應貫徹自己的志向。

西澤研究的是實用的、可以賺錢的學問，因此有人毀謗他是「金錢主義者」。然而，對西澤而言，金錢只不過是劃時代開發結果的附隨物，最重要的是發展能夠貢獻給世人的新學問。

光纖通信的開發，可說是他個人貫徹「爲人服務」志向的結晶。

◎我對事物的價值判斷只有三個階段：「過剩」、「適切」和「不足」

△鹽田丸男　一九二四年出生於山口縣，國學院大肄業。其輕妙的上班族散文和隨筆深受讀者喜愛，也是知名的美食家。著有『女にわかるか！男のホンネ』（女人了解男人的眞心嗎？）等。

現代人常說：「這是一個價值觀多樣化的時代，拘泥於自我、注重細節的人越來越多。」看到這種情形，鹽田皺著眉頭表示：「人還是大而化之比較好。」

小時候，天天去公共澡堂的鹽田，看到澡堂裡的溫度計上只有三個刻度：「熱」、「中等」、「溫溫的」。之後，看看那些老人家泡澡的表情，他就覺得，人世間的價值基準只要這樣就夠了。

現代人的確喜歡濫用「多樣化價值觀」，所以，以往的大方、大而化之已漸漸不存在了。其實，悠閒一點、隨便一點過日子也不錯。

◎可以開拓的領域還有好多

△松本清張　一九〇九年生於福岡縣，小說家。任職於朝日新聞時，即以『西鄉札』一書入選懸賞小說，之後「或る『小倉日記』傳」獲頒芥川賞獎，爲社會派推理小說的第一號人物，暢銷小說一本接一本的出版。一九九二年辭世。

松本清張不只是社會派推理小說的開拓者，也是揭開古代史和昭和史之謎的非小說類文學作家。

此外，他更著手於電影製作和政治活動，行動範圍之廣，令人驚嘆。

然而，他並不以此爲滿足，表示只要在執筆的範圍內，願對未開拓的領域挑戰。對於松本旺盛的創作慾，我們除了由衷表示敬意外，沒話可說。

年過八十的松本仍不斷的向新的領域探索，這種生活態度，這種「熱情」，值得我們學習。

◎即使了解，仍要以直球決勝負

江川爲職棒球員時，最大的對手是阪神的掛布雅之。雖然江川知道掛布擅擊直球，但他仍以直球向大家挑戰。

他表示：「和掛布的對決是一對一的對決，絕對無路可逃。」

對速球派投手江川而言，直球是絕對武器，同時也是職業投手能夠持續生涯的證明。以變化球來逃避只是欺騙自己而已。

換句話說，對江川而言，直球勝負毋寧是證明自己存在的戰鬥。

△江川卓　一九五五年生於福島縣，棒球評論家。從高中時代就被取了「怪物」的異名，以天才投手名震天下，共有一百三十五次勝利的記錄，可說是昭和後期職棒界的代表投手。

◎如果當初都沒有誤差，也許我的人生已改變了

△尾崎將司　一九四七年出生於德島縣，畢業於海南高中，為職業高爾夫選手。六五年加入西鐵職棒隊，二年後退出，並成為職業高爾夫選手，多次奪冠，現已成為此界之頂尖人物。

尾崎將司是一個超乎尋常有自信的人，不論陷入何種困境，絕不會喪失信心，挫自己的銳氣。他的一貫作風始終是「前進！進攻！」

說起尾崎怎麼會入高爾夫界，其實是因為他沒當成職棒選手。他本來是投手，後轉成打擊手，但無論那一個身份都沒有成功。他自我調侃地說：

「如果我揮棒再往右一公尺的話，大概全都全壘打了。如果棒棒擊中，我的人生就完全改變了。」

身為職棒選手的他，認為自己只是時運不濟罷了，這種好強、有自信的態度，是他今天成為高爾夫球界頂尖人物的最大支撐力。

◎大家都說議論時要客觀，我却認為帶感情沒有什麽不好

△C・W・ニコル　一九四〇年出生於英國南威爾斯，爲加拿大籍作家。至八一年以來即居住於長野縣黑姬山麓，與自然融合，非常注重自然問題，有許多這方面的相關著作。代表作有『勇敢的魚』、『看見風的少年』等。

現在，捕鯨問題已成爲國際自然生態保育的議題，ニコル先生主張：

「關於這個問題，日本人在發言時應該將自己的感情表現出來。」

ニコル先生認爲捕鯨問題已不再是自然保育的主題，而是國際間用來做爲政治外交手腕運用的話題。他更在意的是議論進行的方式：

「有人强調討論時應該客觀、不帶情緒，但爲什麼我們不能對錯誤的事情發出憤怒之聲？」

的確，日本人始終是觀察別人的臉色而說些抬面話，不太願意將自己的真正感情表現出來。ニコル先生希望大家能夠更誠實地說出自己的主張。

◎基本上，大衆的聲音和神的聲音是一樣正確的

△松下幸之助　一八九四年出生於和歌縣，九歲即當學徒，之後建立了世界的松下電器產業。其經營方法已成爲日本經營的典範，大家都稱他爲「經營之神」。一九八九年去世。

松下幸之助的名言有一大籮筐，其中，標題這一句可説是最能表現他思想根本的名言。誠摯的聆聽一般大衆的聲音，就像聽神聲一樣，這是松下經營理念的基礎。

他表示：

「所謂經營，是要順應天地自然之理，傾聽社會大衆的聲音，集合公司内之知識，進行該完成的事，這樣，一定能夠成功。」

聽了這段話，覺得松下先生的偉大之處在於經常傾聽民衆的聲音，然後活用於經營之中。這種謙虛的態度，令人敬佩。

◎我要在記錄中成為第一強手

△王貞治　一九四〇年出生於東京，早實高中畢業，創八百六十八支全壘打世界紀錄，和長嶋先生共築巨人隊的黃金時期。現在致力於青少棒人材的培育。

在王貞治任職棒選手時，和他能並稱球界之星的是長嶋先生，然而他卻不像長嶋那麼受歡迎。長嶋個性活潑外向，而王貞治是一位素樸的求道者。因此，相形之下，他較吃虧。然而，他卻這麼說：

「沒關係，我要在記錄上成爲第一人，創造第一之記錄，與長嶋相對抗。」

後來，他做到了。

在世界上一定會有人比自己優秀，你怎麼都比不上他，那麼，你是要在他面前豎起白旗呢？還是努力想辦法凌駕他呢？王貞治選擇了往成功的那條路。

◎這是我不中用的證明

△大仁田厚　一九五七年出生，爲職業摔角運動員。剛開始在日本是一位年輕而活躍的摔角選手，但隨即對那種做秀式的摔角感到厭煩，因而獨立。在金網和有刺鐵絲的激烈戰鬥中，贏得觀衆的喝采。

在有刺鐵絲和高壓電線圍繞的摔角場上作生死鬥爭的大仁田，總在面對大家的質疑：爲什麼他能有如此强韌的戰鬥本能呢？

他的回答是：

「這是我不中用的證明」、「沒有人喜歡流血，我想表現的是一個人在努力時，掙扎、折騰卻還能應付下去的姿態。」

也許有人聽了這些話會皺眉；然而，對於他這種賭生死，誠摯地向肉體界限挑戰的生存方式，懷著憧憬之心的人也不少吧!?大仁田身上所散發出的，不含虛僞的熱力，深深地打動摔角迷的心。

第6章……

培養創造力

……

◎「這一點我絕不服輸」！是走向成功的捷徑

△逸見政孝　一九四五年出生於大阪府，畢業於早稻田大學。本爲富士電視播報員，然其輕鬆詼諧之態度，使他成爲最受歡迎的自由播報員，「平成教育委員會」等節目相當受歡迎。

逸見政孝的外表給人無所事事、散散的印象。其實，他是一個相當執著的人。

舉例而言，他可以重複看十幾次黑澤明的電影；對於喜歡的作家，一定非得將他所有作品看完不可。他表示，這種執著是他今日成功的支柱：

「我不想讓自己侷限於大衆傳播業，今後將是個越來越重視個性、個人能力的時代，因此，自己一定要具備一項不輸於人的武器。」

看似平凡的逸見先生，之所以如此受歡迎，是因爲他的內在裡有著這種執著的個性。

◎現在的日本人已經忘了如何用自己的智慧和力氣來保護自己

△野田知佑　一九三八年出生於熊本縣，早稻田大學畢業，曾任雜誌記者，現爲自由採訪員。深好划獨木舟，可說划遍了日本、北美和澳洲的河川。『日本河川之旅』獲頒日本非小說類文學大賞。

最近用刀片削鉛筆的小孩越來越少，原因是父母認爲拿刀片削太危險。野田感嘆地說：「這種過於保護的態度，使日本人越來越沒有用。」

他表示：

「生和死是相當接近的，只要生活於大自然中，就可以了解這個道理。如果始終讓自己的身體遠離危險，一旦發生危險時，就沒有應對的智慧，這是相當可怕的事。」

現代人已習慣於文明社會中的「安全」，漸漸丟掉先人從自然的危險中經驗出的「求生智慧」，不知道這是幸或不幸？

◎我的夢想是到六十歲還能繼續跳舞

△森下洋子　一九四八年出生於廣島，芭蕾舞演員，曾獲保加利亞芭蕾觀摩演出金賞獎、藝術選獎文部大臣賞等，堪稱「世界之首席」。

身為首席，除了技術方面的基本條件外，還要給觀衆積極展現的印象。

身高只有一百五十公分的森下小姐，一年穿破三百雙芭蕾舞鞋，展現了積極的存在感，成為世界首席。

森下的夢想是能跳舞跳到六十歲。雖然芭蕾的生命在於身體與音樂配合，自在的律動，對年紀大的人來說有困難度，然而她卻表示：「芭蕾是心靈的藝術，只要有創造力和信念，就能持續下去。」

森下小姐不但克服了身材短小的缺陷，也不願受限於年齡，是一位好強的女性。

◎勤勤懇懇和碰碰運氣的心態交互運用，是獨創的要訣

說到數學，馬上會給人一種枯澀的印象。然而，世界級數學家廣中平祐卻說：

「光思考絕對産生不出好的主意。當問題無法解決時，不如換個想法：『隨便都可以啦』！這麼一來，反而常能生出意想不到的主意，做學問有時候也需要賭一賭。」

廣中認爲，當思考碰壁時，必須捨棄現有思考方式，轉換一下模式才行。這種賭一賭的思考轉換術，值得大家參考。

△廣中平祐　一九三一年出生於岡山縣，從京都大學理學部畢業後，入哈佛大學數學研究所。一九七〇年獲頒數學最高獎「菲爾茲獎」，並接受文化勳章之榮譽，爲行動派知識份子之代表。

◎以遊戲的心情工作，能提高工作效率

△能村龍太郎　一九二二年出生於大阪府，爲太陽工業會長，四六年設立太陽工業後，積極展開帳篷業的拓展，現已成爲此業界之冠。七六年獲紫綬褒章。

一般人對於抱著遊戲的心情去工作，總是有一種「豈有此理」的反應，然而帳篷廠商「太陽工業」會長能村先生，正是持著這種理論工作。

他發展的新商品如跑車車篷、帳篷、船口罩等，都是基於自己的興趣而發明的，即自己想玩，所以就自己製造的道理。

能村先生表示：「以遊戲的心情工作，精神上很輕鬆，而且因爲有興趣，腦中自然會生出好點子。」

其實，做喜歡做的事自然容易上手。許多人感嘆自己的興趣無法和工作合一，那麼，不如努力試試去喜歡自己的工作。

◎生涯工夫

△北村茂男　一九一二年出生，原奧林匹斯光學會長。本任職於銀行，三十六歲才轉到光學的領域。其經營方針首重創意，公司內一片自由闊達的風氣。

有些人一聽到「一生都要學習」這句話，就覺得壓力很大。那麼，試試奧林匹斯光學會長北村的名言：「生涯工夫」看看！

其實這句話很單純，意思就是養成動腦筋的習慣。北村表示：

「大家都是人，所以能力不會差太多，之所以會有成就高低之別，乃在於願不願意磨練自己。」

北村常對員工說：「要下工夫」！頭腦要常常用才不會生銹，不生銹才能看清事情，看清事情才能把工作做好，因此，多用點心下「工夫」吧！

◎大家都說不行的事才能成功

△藤田田　一九二六年出生於大阪，畢業於東京大學，七一年日本麥當勞設立後，擔任社長。一九八二年麥當勞業績竄升為外食業界之冠，名聲大噪。著有『猶太商法』等書。

一般人都認為周圍的人贊成的意見就是好意見；而日本麥當勞會長藤田卻持相反的看法：

「大家都說好、可以去做的事，我認為成功的希望反而很少，因為大家都想得到的話，競爭就很激烈。當我聽到人家說：『漢堡裡面夾塊肉，怎麼可能賣得出去？』時，反而很高興。」

的確，大多數人贊成的意見或點子通常欠缺獨創性，也比較沒意思；而周圍的人反對的想法，或許正是成功的點子。藤田先生這種「逆轉的想法」，相當有說服力。

◎語不驚人死不休

通常談到做學問這三個字，就給人一種堆積、構築理論的印象。然而，「智慧遊戲者」梅棹忠夫的情況，卻似乎有所不同。

他表示：「學問裡有許多要動腦的遊戲規則，如果沒有找到其中的樂趣，很容易放棄，因此，即使稍微誇張些，也要做到語不驚人死不休的地步。」

這個道理也可適用於生意上。

一般爲了生意上的事而傷腦筋時，大部分都是想到「這樣有沒有幫助」的現實理論上，偶而也該擴大思考範圍，想點兒驚人的點子，相信對工作上遇到的困難會有意想不到的助益。

△梅棹忠夫　一九二〇年出生於京都，畢業於京都大學理學院。曾在大阪市大、京都大學執教鞭多年，之後致力於創設國立民族學博物館，七四年任博物館館長。雖然最近失明了，但其具智慧的冒險心永遠健在，著有『智慧生產的技術』等書。

◎不論什麼練習，也要想像成正在比賽

△宗猛　一九五三年出生於大分縣，畢業於佐伯豊南高中，和雙胞胎的哥哥宗茂都是日本長距離名跑者，並參加奥運比賽。現任旭化成團之副教練。

馬拉松與其他競技最大的差異在於練習時，跑者無法像真正比賽時一樣，一次跑完四二・一九五公里的距離。

旭化成田徑部副教練宗猛先生表示：

「練習時，絶不能漫不經心的做長距離跑步，雖然實際步調很慢，但必須將之想定爲快步調，並且想像從出發點到目的地的比賽流程。」

「想像訓練」在運動界是常識，但我們也可以將之運用在日常生活中，讓事情運轉得更順利。

◎我們應該對理所當然的事感到懷疑

△板坂元　一九二二年出生，畢業於東京大學，爲江户文學研究者，長年任教於哈佛大學日本文學系，八四年「創價女子短大」設立後即回國任教，現爲副院長。以美國通聞名，有獨特的思想，著書多數。

板坂感嘆地說：「當我叫學生畫一只花瓶後，大部份的學生都畫出從側面看的，一個完整的花瓶。其實，也可以從正上方觀察，或者畫一只已碎掉的花瓶啊！」

這是大家畫一的、欠缺獨創性的表現。想要成爲一個有智慧的人，獨創性的思考是不可欠缺的，爲了培養這種能力，要常對所謂的「常識」質疑。板坂表示，要經常問：「爲什麼？」

總之，對一些資訊不可囫圇吞棗，而須經過腦筋咀嚼後再吸收，這也是生在資訊氾濫時代的我們，必修的課題之一。

◎與其比別人優秀，不如「與別人不同」

△多湖輝　一九二六年出生於印尼，千葉大學名譽教授。其敏銳的心理分析受到相當的評價，在電視和雜誌界都相當活躍。除了暢銷系列「頭腦體操」等書外，尚有「深層心理學」、「熱門商品宣傳法」等著作。

想要使頭腦柔軟，培養獨創性，要怎麼做呢？

以「頭腦體操系列」為大家所熟知的心理學者多湖輝鼓勵大家：

「我們不是要比別人優秀，而是要與衆不同！現在的日本年輕人，從小就只知道要準備考試，大家都像在盡相同的義務，根本無法產生獨創性。只要自己清楚自己想要什麼，就應該抱著貫徹到底的心態和決心。」

換句話說，不要被別人同化，構築屬於自己的領域，徹底追求自己想要的。這種自由的創造姿態，才能蘊育出革命的事業。

◎和別人做相同的買賣不會成功

△青山五郎　一九三〇年出生於廣島縣，自縣立府中高校畢業後，進入大藏省專賣局工作，六一年獨立，並設立「青山商事」，擴展紳士服連鎖店，以超低價格吸引客人，現市場占有率已達百分之十八。

在「平成景氣衰微」的這段期間，各種超低價格的店面林立；其中，成長最快、最具象徵性的是，西裝廉價專賣店「青山商事」，其廉價哲學如下：

「將獲利回饋給社會，不算是企業對社會的貢獻；販賣物美價廉的商品，才是真正的貢獻。」

透過這套哲學，青山先生完成了獨自的廉價販賣制度。而且由於他「不和別人一樣的生意哲學」，他不參加任何財經界的活動，貫徹「一匹狼」的獨立精神。

青山先生這種獨立獨步的精神值得大家學習，他確實是不借用別人的東西，自己有兩把刷子的人。

◎煩惱、躊躇、疑惑、焦躁——在這些迷惑中一定有答案

△岡本太郎　一九一二年出生於東京，畫家。父親爲漫畫家，母親是名詩人兼小説家。自東京美術學校休學後，赴巴黎留學，畢業於巴黎大民族學系。爲戰後日本現代藝術旗手，發表了許多話題作。

岡本雖在十八歲時就留洋學習繪畫，但當時卻碰到相當大的阻礙。他不知道自己應該選擇那一種表現方法，有一段時期從事於抽象畫的創作，但卻無法從中得到滿足。

就在那時候，他看到了畢卡索的畫。從第一眼起，他就全身發熱，知道自己該選擇那一條路。

岡本表示，當時就是因爲自己極爲懊惱，所以看到畢卡索的畫時，才能感受那麼震撼的刺激，找到自己前進的方向。

迷惑之中總會有答案，迷惑越大，所得到的答案離真理越近。

◎做菜要遵守基本的原則，否則無法做出新的菜色

△村上信夫　一九二一年出生。名廚師，四〇年到帝國飯店任廚師，五〇年～六〇年間專心研究法國料理，六九年成爲帝國飯店廚師長，確立了法國名廚的地位。

在村上先生的辦公桌上陳列了十本舊筆記。那是從學徒時代開始累積了二十多年的作菜祕方，至今仍爲他作菜時反覆閱讀的珍貴記錄。

當然，他不可能在廚房一邊作菜一邊做筆記，他都先把重點寫在手腕上，然後上洗手間時再把它謄在紙片上，回家後再記在筆記本上，真是超乎想像的鑽研方法。

村上先生研究開發了各式各樣的料理，但他認爲如果沒有充分熟悉基本原理，就研究不出新的作菜方法，那十本筆記，顯示了「溫故知新」的重要性。

◎只要當時受歡迎就夠了

△濱田省吾　一九五三年出生於廣島縣，歌手。七五年組成「愛奴」樂團，正式登場。為有名之歌手兼作曲家。九二年以其所作之電視主題曲『如雪般的悲傷』而聲名大噪，銷售量破百萬。

一般作詞作曲家，如果對創造力有所要求的話，一定希望自己至少能作出一首能流傳後世的作品。

作詞作曲家濱田先生卻直接了當的說：「流行音樂有季節性，只要當時能受大家喜愛就夠了。」

在今天電視連續劇主題曲不斷出籠，而濱田的歌曲又那麼受歡迎的情況下，他卻仍然形容自己的作品是「季節性產品」，反而給人一種新鮮感。

也許跨越時代的名作，反而是在這種輕鬆的態度下蘊釀而生。

◎即使和剛開始的想法不同，只要有趣，都可以立即採用

△三宅一生　一九三八年出生於廣島縣，服裝設計師，畢業於多摩美大學。自六五年起赴巴黎和紐約修習，七〇年代成爲前衛派旗手，深受國際人士矚目，曾獲頒國際文化設計獎。

世界級服裝設計師三宅一生的學生常說：「老師決定的事常不算數！」因爲三宅先生在製作課程進行到一半時，常會變更原本決定的項目。

他表示：「雖然現在想的可能和剛開始的不一樣，但是在製作過程中，腦子常會出現新點子，想像空間越來越大，因此，隨時可做彈性修改。」

不拘泥於先入爲主的觀念及固定的想法，任想像力馳騁，可以發展出全新的創造力。想要培養創造力的朋友，參考一下三宅先生的方法吧！

◎拍照非易事，需要的不光是技巧好，而是要專業

△篠山紀信　一九四〇年出生於東京，畢業於日本藝術大學，攝影家。專門從事裸體寫眞的拍攝，捕捉肉體的活力。他發明利用好幾台相機拍攝的「西尼拉瑪」技法，名演員宮澤理惠的寫眞集即爲其所拍攝。

現在照相機很普遍，一般人只要按下快門，都可以拍出效果不錯的相片。有時舉辦業餘攝影賽，寄來的也都是頗有水準的作品。

然而，篠山紀信卻表示，光這樣還不能稱爲專業。

他說：「照片光拍得好沒啥意思，專業才是最重要的，重點在於有沒有感受性。」

同樣是拍攝一樣東西，感受性不同，拍出來的效果也不同，這是攝影深奧之處。篠山先生告訴我們，要從事了不起的工作，技術是基本要素，最重要的，是培養感性。

◎不吃飯就沒辦法上大號

很多人看到這句標題，可能有點驚訝。其實，黑澤明先生說的「大號」是指「作品」而言，「飯」則是引喻構成作品主題的材料。

在日常生活中，要持續吸收有用的情報和知識，才能寫出好的作品。

事實上，黑澤明先生即使坐在病床上，床邊的書仍堆積如山，在病中不斷地閱讀。這就是他被稱爲「世界的黑澤明」的原因。

現在有多少人因爲忽略『吃飯』，而讓自己的才能逐漸乾涸的啊！

△黑澤明　一九一〇年出生於東京，爲日本電影界巨匠，五一年以『羅生門』獲威尼斯影展最佳影片獎。被稱爲完全主義者，作品深受海外肯定，代表作有『七人の侍』（七人侍衛）等。

◎當你一開始想「短歌是什麼」的時候，就注定無法寫出好詩歌了。

許多人在遇到挫折時，很容易發出這樣的問題：「工作究竟是什麼？」、「人生又是什麼？」等等，結果在本質問題裡鑽牛角尖，沒有什麼結果。

俵萬智先生說：「當你開始想，『短歌』是什麼、『詩歌』是什麼的時候，就注定寫不出好作品了。」

所謂的好工作、好的點子也是一樣。舉個例子來說，你在找一條到達目的地的捷徑，而身邊突然出現一份日本地圖，對你來說也沒什麼幫助。

倒不如將地圖上多餘的路去掉，讓它儘量單純化來得實在些。

△俵萬智　一九六二年出生於大阪，爲歌人（作詩歌的人）、散文作家。畢業於早稻田大學，八七年出版的『サラダ紀念日』（沙拉紀念日）賣出二百六十萬册。此外，其活用口語及會話的愛情表現法，也深獲年輕人喜愛。

◎只要五分鐘，就足以表達我想表達的

△萩本欽一　一九四一年出生於東京，畢業於駒込高中，喜劇演員（作家）。一九六六年和坂上二郎組成「短劇55號」，在電視螢幕前成爲紅人，短播節目不斷出籠，收視率極佳。

萩本先生企畫的特約電影短片「欽先生之電影棚」在日本獲得相當熱烈的迴響。每一短片只有十五分鐘，一支三百日圓，觀賞者可自由選擇喜歡的片子。

大家都認爲十五分鐘很短，但萩原卻表示：「我要表達的東西，只要五分鐘就夠了。」他認爲一部電影中所要表達的東西太多太雜了。

要表現點什麼的時候，用十五分鐘來表達不一定會比兩小時差，最重要的是，「要表現什麼」？荻原的電影，不外乎要告訴我們這一點。

◎沒有熱情就無法吸引觀衆入場

△朝比奈隆　一九○八年出生於東京，京都大學畢業，指揮家。原任新交響樂團（現NHK）指揮，戰後轉任大阪愛樂交響樂團總監兼常任指揮。著有『我的回想』、『音樂滿堂』等書。

現代可說是演奏家的時代，古典音樂曲少有能留於後世的，但演奏古典曲的演奏者，幾乎在技巧方面都無話可說，只是，光有技巧未必能打動人心。

朝比奈隆表示：「也許我說這些話有點刺耳，音樂最重要的是熱情之類的東西，否則無法吸引觀衆入場，好的音樂會至少要讓觀衆當晚回家後覺得有些感觸，這是表現能力好壞的問題。」

專業者磨練自己的技巧是理所當然的，但要加上「A」這個要素，才能稱得上專業。「A」這個要素和這個人的人生有極密切的關係，也許貫通整個人的內涵。

◎我是那種看到結果再開始想原因的人

新井有一個新奇的想法：

「如果地球上的五十四億人口同時把喝完的空啤酒罐丟出來，會是什麼樣子？恐伯整個地球會成爲空罐的天體，人類早晚會滅亡。只要一個空罐子，就能讓人聯想到結果。」

身爲作家及歌星的新井先生，習慣從終點來溯想出發點，這個想法看似對未來感到絕望，但也可說是『設定光輝的未來』。

這種逆轉式想法，是培養創造力的有效方法。

△新井滿　一九四六年出生於新潟縣，畢業於上智大學，爲作家、歌星。本是廣告演員，在唱過『ワインカラーのときめき』以後即成爲歌星。八八年以『找人的時間』一書獲芥川賞，奠定了小説家的地位。

◎頭腦的好壞取決於如何鋪設整個網路

△鈴木健二　一九二九年出生於東京，畢業於東北大學，原NHK播報員，自主持晨間長播節目「您好！太太」以後，成爲受歡迎之節目主持人。著有暢銷書『氣くばりのすすめ』（照顧之道）等一百本書。現任熊本縣立劇場館長。

大家都知道鈴木是位博學多識之人，且有超强的記憶力，但卻不知他是如何將那麼多的知識裝入腦子裡的。

根據他本人的說法，最重要的是「整理腦中的情報網路」。

他表示：

「記憶是伴隨著印象的資訊，和强記背誦不同。只要喚醒一個記憶，其他相關的記憶也會在腦中浮動起來。因此，爲了使這種連鎖效果發揮功能，必須將記在腦中的資訊好好整理，並且網路化。」

總之，整理腦中的記憶資料是提高能力的不二法門。

第
7
章

思考你的人生

◎對某事認真時，一定要犧牲某些東西

△小泉今日子　一九六六年出生於神奈川縣，津久井高中肄業。名歌手，以一首『我的十六歲』躍登舞台，並以拍廣告聞名，被認爲是相當有潛力的明星。

以拍廣告起家，又唱歌又演連續劇的小泉今日子，活躍至此、曝光率如此高，又能長久保持魅力，其秘訣何在?我們可從她的談話中，窺其端倪。

「我覺得在每一個工作上，我能表現的東西都不一樣，所以，只要認真做其中的一項，其他某些東西一定會紊亂或者被犧牲，不過，這不礙事。」

從小泉的談話中可以看出她有計畫的、適時的自我表現方法，不讓自己固定在某個形象上。就好像這一球投直球，下一球投變化球一樣，始終保持一顆「遊戲」的心，不論在工作上，或者在人際關係方面，都頗有助益。

◎看似沒啥用處的東西，對男人來說却很重要

△丸谷才一　一九二五年出生於山形縣，東大畢業。六〇年以『迴避耶和華的臉』一書登上小說家寶座。除了小說外，『男人的口袋』、『文章讀本』等批評、散文，也深受讀者喜愛。

在散文集『男人的口袋』中，丸谷指出：「穿西裝的男人身上平均約有二十個口袋，其中真正放東西的，頂多不過兩、三個。」

剩下的口袋大都沒有用上，也可以說是浪費。

然而，丸谷卻斷然表示：

「即使如此，口袋依然存在，那就表示，不需要的、沒有幫助的東西，對男人來說還是很重要。」

丸谷要告訴我們的是，什麼東西都要求適當合理的生活方式是很無趣的。有時徒勞、白費等能豐富、潤澤人的心靈，使生活更有意義。相信大家都希望能適當地享受徒勞、無益所帶來的樂趣。

◎不傷到自己，要如何打動別人

△宮尾登美子　一九二六年出生於高知縣，作家。畢業於高板女子高中。曾經歷滿州難民生活，並做過許多職業，後以『一絃琴』獲直木賞，成爲正式作家。『序之舞』等作品受到相當的好評。

如果要寫一部「女人的一生」，大概無人能出其右。

宮尾的作品之所以會打動許多讀者的心，就是因爲大多數作品皆得自於他的親身體驗，使人感受到「事實」的成分。

他表示：「我也曾寫過和自己無關的美好作品，但卻發現如果不傷到自己，又如何能打動別人？雖然有很多東西不想寫出來，但仍鼓起勇氣……。」

如果一個人不能勇於接受傷害，就沒有辦法愛人與生活，這種剛毅的人生哲理，於宮尾的身上實踐了。

◎即使將「賓士」開得很快，也沒有人會稱讚

豪邸、轎車、打高爾夫，這正是賽車手優雅的生活寫照。然而，賽車手本人卻似乎不覺得這種人人稱羡的生活很有意思。

鈴木就表示：

「和賽車比起來，其他的事情做起來都不起勁，只有坐在賽車上才覺得幸運，就算BENZ開得再快，也沒人會稱讚。」

似乎賽車帶給他至福之感，其他優渥的生活只是附屬而已，能遇上這麼好的天職，實在很幸運。

△鈴木亞久里　一九六〇年出生，畢業於城西大學，爲賽車手，是繼中嶋悟之後第二位參加世界杯賽車的日本人。九〇年成爲第一位上台接受頒獎的日本籍選手，深受女性喜愛。

◎人一輩子可以重來四次

△森毅　一九二八年出生於東京，數學家，京都大學名譽教授。九一年自京大退休後，自稱自由者，活躍於電視螢幕及雜誌上，從事數學、社會、教育等方面的評論工作。著有『人生二十年說』、『數學的進化』等。

一般人在人生中遭遇挫折、失敗後，大都絶望地感嘆「沒有機會重來了」。

森毅先生卻這樣鼓勵我們：

「人生可以重來四次！這個社會大概也是每二十年改變一次，所以我們姑且以二十年爲一個人生單位來生活。如果能活到八十歲，那表示人的一生可以有四次重生的機會。」

的確是很特殊的想法。如果我們能這麼想的話，就不會太受限於過去，而能時時以新鮮的心情向前邁進。

森毅先生可說是一位對人生享受有心得之人。

◎我一感動就控制不住

螢幕上的高倉健給人一種冷酷、堅忍的印象。其實，我們不如用率性熱血來形容他比較恰當。也就是說，他是一個激動派的人。

高倉健之所以會選擇演員這條路，也是因爲自己一受感動，就一定要想辦法告訴別人。所以，除了能夠展現自我魅力的角色外，他都拒絕演出，也演不來。

對高倉而言，演員的使命在於將生命的「感動」傳達給他人。

高倉的心靈是純潔的，他認爲人生最大的贈禮就是「感動」，這種個性使得他在螢幕上永遠呈獻出年輕的面孔。你也持有一顆會感動的心嗎？

△高倉健　一九三一年出生於福岡縣，電影明星。五五年以東映之新星登上電影的舞台，『網走番外地』一片獲影迷熱烈迴響；後以『幸福の黄色いハンカチ』（黃色幸福手帕）一片獲頒藍帶賞，是日本的跨國知名影星。

◎我從來沒有休息過一天

△武原はん　一九〇三年出生於德島縣，十二歲時離開大阪到外地學京都地方歌舞，並事師藤間勘十郎，最後開創了獨自的舞藝。獲頒藝術祭獎勵賞、藝術選獎等，八五年成為日本藝術院會員。

六十年來從未間斷跳地方歌舞（京都）的武原，有一個令人佩服的訣竅，那就是「有恒」。

武原表示：「我只要一天不練習，心情就會焦躁不安。因此，除了舞蹈的基本動作外，我一個人日夜不斷地練習發聲和對著鏡子研究姿勢。」

被譽為「不讓瞬間曲線美崩壞」的武原舞蹈，都是拜他嚴格的自我訓練所賜。

總之，技術純熟不靠別的，就靠每天不斷的努力，武原的生活方式正是最好的寫照。

◎到七、八十歲還能持續於一個好工作，才是真天才

△大山康晴　一九二三年出生於岡山縣，將棋棋士。十五世名人。自五二年在名人戰中打敗木村義雄以來，便樹立了任十八期國手的大紀錄，共贏得一百二十四回的冠軍。在長期與癌症對抗後，於九一年歿。

如果世上的人有「天才型」和「努力型」之分的話，大家大概都想成爲「天才型」。將棋國手大山先生卻表示：「在專業的世界裡，沒有俗稱的天才。」

本來專業就是在那一行裡優秀者所集成的團體。即使被稱爲天才的人，一進入這個圈子，就成爲普通人。如果有人值得被稱爲天才，那表示這個人到了七八十歲仍從事很好的工作，這是大山先生的想法。

大山先生之所以會這麼說，是因爲他瞭解，畢生從事一個一流的工作比短時間受世人矚目還要困難得多。他自己長年和癌症戰鬥，還能終其生涯做第一線的棋手，正是「天才」的最好證明。

◎健康是人生的手段，而非目的

△水野肇　一九二七年出生於大阪，畢業於大阪外科大學，爲醫療評論家，揭示現代醫療諸問題，並持續宣導醫療是切身的問題等觀念。著有「日本的醫療」、「水野肇的醫院學」等。

健康熱雖已是前一陣子的熱門話題，但卻也未見其衰微。仔細想想，爲什麼我們一定要那麼健康呢？

當然，人要有健康的身體，人生才有希望。然而，最近有些對於健康管理過於神經質的人，卻認爲健康是活著唯一的目的。因此，水野特別强調這種本末倒置想法的危險性，宣導健康並非人生目的的理念。

一樣容器不論多麼特別，只要裡面不裝東西，就只不過是個裝飾品而已；同樣的，健康的肉體必須伴隨豐富的內涵，才是一個真正活生生的個體。

◎義理、人情及孝親是為人應當重視的

△ラモス瑠偉　一九五七年出生於巴西，七七年從巴西專業足球隊加入讀賣隊，八九年歸化日本籍。其卓越的技術和靈敏度使其成爲日本足球隊的「至寶」。

看ラモス在日本的生活方式，就是入境隨俗的最佳寫照。

現在他是J聯盟的「至寶」，卻很少人知道他初來日本時，對日本的生活相當不能適應，精神上很苦悶。

然而，之後他卻表示：「我自己太自我了，沒有去了解日本的社會常規。」他認爲想要在日本成功，必須接受它的社會習慣，並和日本人持有相同的心態。

現在，ラモス已成爲了解「義理人情」重要性的日本人。由來自遠方的外國人教導我們日本最重要的東西，實在很有意思。

◎自熱衷於遊艇後，對陸上的價值觀有了一百八十度的轉變

△今給黎教子　一九六五年出生於鹿兒島。中學時閱讀了『DaBu號冒險記』後，即立志乘遊艇環繞世界一周；一九九二年七月，終於成功地駕駛遊艇環繞世界一周，航程五萬五千公里。

人的慾望無窮盡，即使無法買一幢獨棟別墅，至少不愁買車買衣。

今給黎卻將這種價值觀寄託於遊艇，成功地環繞世界一周。

貸了一大筆錢買遊艇的今給黎小姐，自稱是「遊艇乞丐」。因爲有了遊艇，所到之處都是自己的地方，不需再注意服裝、重視體面。

她表示：「自擁有遊艇後，類似有點存款、有間房子、有輛車子等陸上的價值觀，對我已完全無意義。」

現代人或許太過受制於「陸上價值觀」而永遠不知足。

◎有愛心才能獲勝

△有森裕子　一九六六年出生於岡山縣，畢業於日本體育大學，八九年就職瑞克魯特公司。參加大阪國際女子馬拉松大賽時，表現優異，但於巴賽隆那奧運中，僅獲銀牌。

有森裕子在奧運中與金牌得主力拼後，仍無法致勝的原因，在於沒有充分的愛心。

她表示：

「我認爲真正的强者一定是溫柔的、有愛心的。在對手處於不好的情況下，會真心替對方擔心。這一方面，我根本還不行，因此，上帝爲了讓我加强這方面的能力，僅頒給我銀牌。」

有森小姐的話充分顯示，有愛心的人才有真正的强者，才有真正成功的人生。

◎相撲之最終目標在於磨練自己

在相撲大受歡迎時，出羽海理事長說了一段話：

「我不希望一直耽溺於掌聲中，而應堅持相撲的內容與水準。當然，優勝是一重要目標，卻不是唯一的目的。人格的形成才是最終標的，因此，我堅持繼承舊傳統精神。」

的確，相撲是精神性極高的運動，與其追求勝負，不如重視其內涵，追求完整的人格。也可以說，相撲是自我鍛鍊的運動。

古時候優良的日本人精神，已被現代人遺忘了。相撲正是使人想起古風的有趣運動。

△出羽海智敬　一九三八年出生於長崎縣，日本相撲協會理事長，有六次優勝紀錄，九一年繼二子山之後任相撲協會理事長。

△大岡信　一九三一年出生於靜岡縣，詩人、評論家。畢業於東京大學，在傳統的詩歌中，發覺出新的、美的法則，使其工作受到極高的評價。刊載於朝日新聞之『當令之歌』，獲菊池寬獎。

◎忙就是閒

當丸谷才一得知詩人大岡信平均每天只睡五個鐘頭時，他憤慨地說：「就是因爲日本的文化環境太貧瘠，才使得他無法每天睡上八個鐘頭。」

其實，大岡先生的信條是「忙即閒」，也就是說，忙碌中仍有鬆口氣的時間；優閒時仍持緊張狀態，這是最完美的狀況。

以呼吸來比喻，人如果吸氣後不呼氣，或呼氣後不再吸氣，都一樣會死去；只有不斷交替，人才能好好地活著。

生活亦如此，必須在忙與閒中求取一個平衡點。

◎在『淚』與『笑』面前，人類是平等的

△井上ひさし　一九三四年出生於山形縣，劇作家、小說家，上智大學畢業。成為名廣播作家後，以戲曲『日本人のへそ』（日本人的肚臍眼）大舉成名。此外，小說『手鎖心中』獲直木賞獎。

一般人常說「幸福的人生」、「不幸的人生」等，對井上先生來說，不管什麼人，最終走的都是同一遭，也都得在禍福之間求得一個平衡點。

換句話說，每個人一生『淚』和『笑』的量是一樣多的，因此，井上先生才會說：「在淚與笑面前，人類是平等的。」

最重要的是時間的拿捏。即使陷入不幸的境地，整日以淚洗面也無濟於事，不如找些讓自己開心的事，自己給自己打氣。別忘了，哭的時候也要讓笑的分量一樣多。

◎我始終以保守的態度過生活，絕對不唐突

△丸木位里　一九〇一年出生於廣島縣，事師田中賴璋。一九四八年起與西洋畫家的妻子開始製作『原爆の圖』（原子爆炸圖），於二十幾個國家展出，得到相當的迴響，爲反戰名畫家。

以『原子爆炸圖』聞名的丸木先生，由於母親懷孕期間出車禍，出生後臉部浮腫，不甚美觀，因此，造成他一生謹慎保守的個性；而他卻從不否定這樣的性格。

凡事謹慎保守固然是好，但換一個角度來看，這是一種膽小的生活方式。然而，這種膽小的個性卻賦與丸木充分表現人們內心痛苦的能力。

不論多麼具煽動性的激勵言詞，都比不上丸木一張小小的畫所帶來的衝擊、所帶給人們的感動。

這種「膽小的個性」，似乎反而給他帶來特別的人生。

◎我絕不說出會陷人於不幸的話

△宜保愛子　一九三二年出生於神奈川縣，六歲時發現自己有靈異能力，之後雖一度失去此能力，在十七歲時又再次恢復。不論在電視、雜誌上都相當活躍。著有『宜保愛子的靈異世界』、『你的愛守護神』等。

在一陣靈異能力的旋風中，宜保愛子可說是傳播界搶手的名人；然而，他卻下定決心，絕不談有關前世的事情。

宜保認爲，人如果知道前世的事情，就會對生活、工作失去熱情，步入不幸的人生。

因爲，前世爲偉人的例子寥寥可數，那麼，一旦知道自己前世沒什麼，就很容易放棄今生。

換句話說，宜保希望靈異能力能在建立人們幸福人生方面有所幫助，不要造成負面效果；這也是他之所以受人歡迎的原因。

◎到最後連下棋的對手、勝負都會忘却，自然地進入到一個無我的境界，那就是圍棋。

△加藤正夫　一九四七年生於福岡縣。是圍棋棋士。爲木谷實的門下，在六四年入段。自七六年以來，常進階排名，在八七年，獲得名人位、十段、王座、棋聖之四冠王。在激烈的攻勢中有一定的評價，擁有『封殺者』的封號。

在八七年的名人戰中第三局的第二天，挑戰者林海峰將下棋順序弄錯，連續兩次自己的失誤犯規而輸給名人加藤先生。

與會人士叫停時，那時下棋的對手加藤卻渾然不知到底發生了什麼事情。下棋者雙方都因在考慮下棋的步數而失魂落魄，根本都把勝負的規則全忘記了。

加藤先生憶述，這次的軼事教導了我，讓我學到真正勝負的境界竟是自己和自己作戰。

「圍棋的勝負最後將會投入到一個深奧的自我世界中，自然地會想去探尋圍棋路途中至高的無我境界。」

將專職的勝負師的崇高情操表達得如此淋漓盡致，是很少見的。

◎巨人軍是恒久不滅的

△長嶋茂雄　一九三六年生於千葉縣。是巨人隊的監督。立大畢業。在當球員的時期被尊稱爲『職棒先生』風靡了許多球迷，在職棒界是頂尖的超級明星球員。自九三年起受聘爲巨人隊的監督再度回到球場上而受到矚目。

有名選手退隱時所說的名言不勝枚舉，然而，其中應屬「巨人軍是恒久不滅的」這句話最扣人心弦吧！

與其說長嶋是一位職棒選手，不如說他是使全國球迷瘋狂『代表時代的英雄人物』。現在中年齡層的人都是和長嶋一起走過職棒，和長嶋一起經歷過日本的社會變遷。

長嶋真正地經歷過日本從復興時期走向高度的經濟成長期，是日本國之象徵性的存在。

一九九三年，長嶋再度以巨人隊監督的身份回到了球場。他的重回球壇造成了轟動，魅力不減當年，聲援之聲不斷。

職棒迷都在期待長嶋茂雄會有新的名言出現。那句話一定就是「職棒是恒久不滅的」。

◎所謂的人間，就是人生和世間這兩個字的縮語

△松原泰道　一九〇七年生於東京。爲臨濟宗派的僧侶。亦被尊稱爲現代佛教的傳承者，在高格調的傳教範疇中有一定的評價。其主宰著「南無會」，一直都有在做廣泛的布教活動。著有暢銷書『般若心經入門』等數册。

「人生」這條『時間』的直線及「世間」這條『空間』的橫線，在「今」這個地平上交錯所衍生出來者，便是人間——這是臨濟宗派的松原師對「人間」這個字的定義。

人生的『人』字和世間的『間』字所組合而成之處是何其的玄妙，彷彿將生存於今世這種實在的感覺傳遞過來。

對於人間是什麼?這個問題很容易會誤導爲抽象的、不實在的，然而，我們回頭去看看自己的成長過程，好好地檢視圍繞在自己周遭的社會環境的話，我們會逐漸意識到，爲什麼我會身處此的這種存在意義。

大師的說法很平易，但是實在很明確地捕捉到人類的真實風貌。

◎明日的我要勝過今日的我

有關稱美空雲雀爲戰後演藝界最大的超級巨星這一個說詞，應該是沒有人有異議吧！雲雀本身簡直就是「女王」的化身。雲雀她本人及由她唱紅的許多膾炙人口的名曲，一直帶給戰後的人們夢想及希望，持續不斷地給予人們一股激勵的力量。

我們可以很大膽地說，日本的戰後史是少不了雲雀的。

雲雀總是在色紙上寫道：「明日的我要勝過今日的我」。在此將雲雀的生活信條毫無隱瞞地表露無遺。雲雀本身不但是一位優秀的藝人，同時也是執著的求道者。身爲演藝界女王的雲雀，並不自滿於眼前的寶座，時常向更高的境界挑戰、邁進。

△美空雲雀　一九三七年生於神奈川縣。歌星。本名叫加藤和枝。精華學園高中畢。從少女時期開始便享有天才歌手的美譽，在十三歲時，以一首『東京ＫＩＤ』躍上歌星的寶座。之後，在戰後歌謠界享有『女王雲雀』的美稱。卒於八九年。

◎堅強的生命力顯示於您如何來看待陰暗人生的真實面

△梅原猛　一九二五年生於宮城縣。京大畢業。專攻西洋哲學及日本文化論。一面持續探索於日本人的精神文化之古代史研究，一面也傳承一些有些市川猿之助的新作歌舞伎『大和民族的怒吼』之相關話題。主要著作有『地獄的思想』等多冊作品。

我們總是將我們的雙眼蒙閉於人生的陰暗處，光只想看到人生的光明面，然而這樣看待人生的方式，真的可說是堅强嗎？

梅原說，如果說人生有光明及黑暗的話，那我們應該要更深入去探究那黑暗面。梅原認爲那對爲人的苦痛之深刻的體認，可教導我們對生命的執著之態度，創造出有內涵的靈魂。

靈垢、靈暗這些話語流行以來，『陰暗』何罪之有的看法日漸興起。

在那種風潮的興起下，我們可以很明確地說，我們已喪失了認真地去思考人生的習慣。如果這是真的話，我們在此應該再次不畏陰暗，重新地看待人生的真實面，這層意義是十分地深遠的。

◎男人的脊背象徵著人生

△達川光男　一九五五年生於廣島縣。棒球評論家。從東洋大學開始擔任捕手進入了廣島杯。由於其富幽默感的獨特表現而廣受球迷的喜愛，其特有的鬥智戰術受到專業人士的激賞。在九二年隱退。

以球界的藝人而聞名的達川，他對球員生涯的球衣編號「40」特別地執著。球團替正捕手準備了正捕手應穿著的「9」號球衣，但是達川很大膽地拒絕了，並堅持要用「40」這個編號。

「40讀成（是死）。由於捕手是要去制衡投手的，因此40是一個好的號碼。男人的脊背象徵著人生，也就因爲這樣讓我很在意。」

「40」這個編號是達川對棒球的執著，凝聚了他單方面的想法，疑縮成達川作爲一位棒球人的人生之全部縮影。

男人的脊背象徵著人生——這句話從別人口中說出來的話有點肉麻，但是從達川的口中說出，卻可讓人感受到那是一句充滿實在感的人生座右銘。

◎不被剝奪的幸福是美滿的捕捉到了的幸福就不要讓它空留餘恨

△串田孫一　一九一五年生於東京都。是哲學家、詩人。東大畢業。其熟於法國思想、思索，以道德學家的身份倍受歡迎。ＦＭ東京「音樂的畫冊」是他演出的播送齡很長的名節目。著作集注於『隨想集』這本書。

我們都夢想會有幸福的戀愛，並追求幸福的人生。然而，對我們來說，「幸福」這個東西到底是什麼呢？

優秀的生活觀察者，串田說：「如果小鳥是自己的朋友的話，就會把小鳥放到藍天中而不會去捕捉它。幸福亦如是，捕捉到的幸福就不要讓它空留餘恨。」

也就是說，所謂的幸福是我們心中一直都感受得到的東西，並不是用手可觸摸得到的。欲想幸福收納於掌心之中的瞬間，幸福已遠颺了。串田作了以上的敘述。

說看看，這個不就是對那些想要立即獲得幸福之即物主義者的戒訓嗎？或許藉此我們應重新意識到光靠金錢及物質等物是無法獲得幸福的。

第8章……

男人和女人的關鍵語

……

◎雖然大家都說女性變強了，但是女性依舊是被輕視！

以甚囂一時的話題『性騷擾問題』為契機而脫離社會黨的三井，氣憤的表示「我國依舊是浸染在以男性社會為主的惡弊中」。

女性議員佔我國議會全體議員人數的百分之四，也就是說，日本的政治百分之九十六都是由男性來推動的。女性的人口明明佔全體人口的一半，但是實際上卻遭遇到如此不平等的待遇，三井的說法真是一點兒都不過分。

「煽動女性變強了這種說法的舉動，根本就是輕蔑女性的證據」。

她真不愧把男人的『真正意圖』洞悉得一覽無遺。世上的男性同胞們，話先說在前頭，如果閣下不認真地考慮女性問題的話，會遭到女性同胞的報復哦！

△三井眞理子　一九四八年生於秋田縣。東京都議會議員。御茶水女子大學畢、哥倫比亞大學碩士。原任駒場高中教師，後轉進東京都議會，但是由於性騷擾的問題脫離原先的黨派。是「制定大家的男女雇用平等法會」、「行動的女性會」的會員。

◎真正的男女關係倘若無法如魚得水的話，原味會喪失，進而索然無味

時下一般男女的關係似乎是乾乾的、粗糙的朋友的那種感覺較受歡迎，然而那種浸濡水中濕漉漉的關係似乎是有種趕不上時代的感覺。或許這也是由於女性的自主心增強的關係，但是石原針對此一風潮持有完全相反的異論。

「男人和女人的關係中不可能會有乾的東西存在。其最佳的證據就是，在性高潮時彼此雙方都是濕漉漉地！不管是在戀愛也好、搞男女關係也好，無法讓對方有濕潤感覺的傢伙，充其量只能說是個半瓶醋。」

宛如直言居士的石原雖用斬釘截鐵的說法來表達他的想法，但是乾燥的男女關係，這個說法確實使人有種不知道是那裡不妥的印象。大概現代就是所謂的「模擬戀愛」時代吧！

△石原愼太郎　一九三二年生於兵庫縣。小說家。衆議院議員。在一橋大學求學時所寫的『太陽的季節』一書獲得了芥川賞，從此登上文壇。六八年參選參議院議員的選舉，開始步入政壇，也曾經當過交通部等部會的閣僚。

◎集合世上財富的十六分之一給妳

△安部讓二　一九三七年生於東京。小說家。保善高中定時制畢業。從國中時代開始便開始了灰色的生涯，加入流氓幫派，服過八年的刑。在描繪獄中人生百態的『牆內未受懲戒之面面觀』一書大受歡迎之後，步入作家的行列。

男人在面對自己愛戀的女人，要吐露自己的愛意時，要用什麼樣的話語來表達才好呢？

作家安部先生很大膽地說：「我要將世界上財富的十六分之一給妳。」據說是憑這句話捕獲夫人的心。

「二分之一、四分之一、八分之一的話是太牽強了，但是十六分之一的話，似乎是有可能達到的」——唉呀，那是安部個人的衡量尺度啊！

但是連那種個性的安部在跟女人示愛時重要的不是說些讓對方高興的話，而是替對方著想的誠實的表態。

基本上就是用心。比如說，縱然是只送得起價值一個月薪水的戒指，但是只要是真心誠意那就夠了。

◎因性而相近，因愛而結合

△奈良林祥　一九一九年生於東京都。醫事評論家。東京醫大畢業。在六四年藉由婚姻諮商協會的招聘而來到美國，回國後以日本第一位婚姻諮商專家的身份活躍著。著有暢銷書『HOW TO SEX』等多本書。

現在日本離婚夫妻的人數，一年已遠超過十萬對。據說其中因『性生活不協調』的理由而離婚的怨偶，已上升到十分驚人的數目，因此，讓我們深深地感受到，今日男女在性生活上的重要性是不容忽視的。

奈良林是我國在性醫學上的先驅者，而他的性觀點之特徵，總是把愛這個主題放置在最終的目標。

他提倡性的基礎便是愛，缺少了愛的性，就像是缺少了灌溉的不毛之地是一樣。

性是男女彼此互相理解的重要過程，但是卻不是終點站。如果無法好好地理解這點的話，愛僅止於夢幻，夢幻總有一天是會破滅的。

◎會去愛自己的人才會去愛別人

△五木寬之　一九三二年生於福岡縣。作家。早稻田大學肄業。在六六年以『瞧！那面無血色的馬兒』獲得直木獎。之後又發表『再會吧！莫斯科阿飛』、『將目標設於荒野的青年』等新新人類的作品而成爲受歡迎的作家。最新著作爲『日本幻論』。

最近「無法用真心來戀愛」的年輕男女有增多的趨勢，但是五木先生的標頭語對有類似上述困擾的年輕一輩，好像亦造成了相當程度的震撼。他的說法是，自我否定的人沒有理由去接納別人。

而且，五木還提出了愛自己的方法論「擅長高興的方法」。回顧一天，將一天中高興的事情，很細微的一點一滴地記錄下來。

據云，持續這樣做下去的當中，漸漸地就會開始喜歡自己。

在感嘆不會戀愛之前，首先希望你自己用鏡子看看鏡中的自己。映在鏡中的你是否充滿著魅力。對自己的容貌有信心之後，我想應該沒有什麼東西會讓你懼怕的才是。

◎如果你想繼續戀愛的話，請學習禁慾

有時並不是開始討厭對方，可是在一起時卻沒有那種心動的感覺——所謂的『倦怠期』總是會伴著戀愛而來，是否真的有仙丹可以超越此危機時期呢？

從『談過多次戀愛的女人』一轉身而出家，瀨戸内形容自己爲踏遍波濤洶湧的人生。

「想要持續戀愛的話，就要學習禁慾。因爲性總有一天都是會厭倦的。」

的確，往往倦怠期指的就是男女之間的肉體關係，已經到了没什麼『特別方式』的程度而言。就其意思上來看，將彼此已互相習慣的性關係置於一旁任興之所致，或許爲了要長久交往下去，重新端視兩人的關係是不容忽視的。

△瀨户内寂聽　一九二二年生於德島縣。小說家。本名叫晴美。東女大畢業。在描寫女人的業障，對戰後之新的自我意識有所覺醒，作爲女性作家的先驅者之名望很高。主要著作有『來自何處』等。七三年在中尊寺剃度出家。

◎在離婚的怨偶當中，缺少幽默感的佔大多數

夫妻走到了撕破臉的局面時，彼此都有其進退維谷的不得已情形。但是以客觀的眼光來看待勞燕分飛的男女時，一語道出「夫妻間大多缺少了幽默的氣氛」這句話者，卻是精神醫生齋藤。

在此所指的幽默感並非是指那種使人發笑的能力，而是指能軟化對方心靈般的人際關係潤滑劑那樣的東西。缺少了潤滑劑，彼此之間的關係自然會緊繃，這個說法的確讓人首肯。

換句話說，即使是多少有點疙瘩，只要不要忘了幽默的精神，夫妻之間的關係應該是可以處之泰然吧！

各位讀者衆兄，您家中的「幽默感指數」有多少呢？

△齋藤茂太　一九一六年生於東京。精神科醫師。散文隨筆作家。明治大學、昭和大學醫學院畢業。在當院長從事精神醫療工作的同時，亦展開其寫作的活動。主要著作有『精神科的待療室』等書。父親是和歌詩人齋藤茂吉。作家北杜夫是其胞弟。

◎想要别人愛你的話，你必須要無設防地完全將自己釋出

△柴門ふみ　一九五七年生於德島縣。漫畫家。在御茶水女子大學就學時開始，就作了現在的先生弘兼憲司的助理，以漫畫家的身份登場。代表作有『女朋友們』、『同、級、生』等書。散文作品『戀愛論』，相當受到年輕女孩子的歡迎。

在自己喜歡的異性朋友面前，儘可能地裝扮得瀟灑、迷人，這是人之常情。

但是，想要真的被愛的話，首先應先將自己的缺點完全地在對方面前表露無遺。說出上述那句話的就是現在被年輕人稱為『戀愛教祖』的柴門。

的確，自己將自己披上一層保護膜，卻要求對方來愛自己，這種作法確實是太一廂情願了。

對於毫不掩飾、赤裸裸的自己充滿自信的人並不多見，但是覺悟到受傷害，將自己不完全的姿態讓對方知道，卻是戀愛的第一步。

在感嘆不為人所愛之前，首先，我們有必要先去做自我的反省看看。

◎所謂的戀愛就是普通不過的童話故事

△中野翠　一九四六年生於埼玉縣。散文隨筆作家。早稻田大學畢業。在社會問題及電影影評等方面展開嚴厲的批評，是一位廣受年輕人喜愛的專欄作家。在『アグネス辯論』方面，和林眞理子一起批評アグネス・チャン的俗世糊塗態。

據聞中野對「自戀的女人」很棘手。其實那是由於遲鈍的自我主義封閉之緣故。將自己設定得既美麗又清高，一味地認爲那才是真正的人，他的主張認爲那種自我陶醉，缺少對現實上認識的姿態，令人難以忍受。

的確，中野的主張是自有他一番道理存在。在閉塞之際，或許可以說，戀愛就是脫離現實的一種內在幻想世界之產物。

但是，持這個論調的中野本身，偶而也會想要有戀愛的感覺，大概無人能夠敵得過如童話世界般的魅力吧！

然而，中野也言及，「自戀的女人」偶而也要有點現實生活上的認知，最好自己要想想，自己在旁人的心目中是什麼樣子？

◎戀愛時，再成熟的人都會變笨，那是好的現象。

△山田詠美　一九五九年生於東京。小說家。明治大學肄業。八五年以『BED．TIME．眼神』一書以作家的身份登場。隔年以「靈魂、音樂、LUBBERS．ONLY」一書獲得直木獎。以敏銳的語言感覺，創造出完成度高的小說世界。

偶爾，誠然有所謂的『大人同志』的情侶，但是據聞這樣的情侶中交往得不順者較多。

「我想所謂這樣的情侶大概都把價值置於彼此登配的交往當中。但是，戀愛的本身，你愈使其好看、像樣，它就愈難堪。」山田提出這樣的看法。

「戀愛時，再成熟的人都會變笨，那是好的現象。」

這樣一來，重新環視周圍看看，不管是戀愛專修課程或時代的趨勢也好，都如同雜誌上所登的戀愛手則一般，光是考慮到登配者的情侶是何其的多啊！太懼怕會變笨而不知曉真正戀愛的話，那不是太不幸了嗎？

◎其實所謂的夫妻就是一場鬥爭

△山田太一　一九三四年生於東京。電影劇本作者。早稻田大學畢業。曾當過木下惠介監督的助手、自由腳本作家。『各自的秋天』、『岸邊的紀念册』、『不一致的蘋果』等話題陸續發表。

追求愛情、安逸、伙伴關係……結婚生活者是因人而異的，但發出「其實所謂的夫妻就是一場鬥爭」這句驚人之語的山田先生，有點出人意料之外。

當然，山田所說的『鬥爭』絕對不是暴力及言論上的紛爭。像「哪種個性的人較棒？哪種樣子較迷人？」這些爭論可說是常有的事。

在日本，夫妻的理想模式是，彼此不用多言也能夠彼此了解的「類似空氣般的存在」夫妻，然而，那種關係很容易就陷入一種安逸、互相習慣的模式當中。

山田主張，就是因爲是在一起生活的夫妻，所以要彼此競爭，這種互相提升對方的『緊張關係』是不可欠缺的。

◎總之，退一步來愛別人是很重要的

△村上龍　一九五二年生於長崎縣。小說家。武藏野美術大學肄業。在學生時代以『近乎無限透明的藍色』之作品，造成相當大的震撼。之後亦陸續發表一些作品，爲他自己建立了明星作家的地位。其他著作有『愛及幻想的法西斯主義』等。

村上指責，所謂的人道主義精神，是指歐洲民族長久以來的民族抗爭之結果，是由血所累積而成的『忍氣吞聲的產物』。

說得極端一點，就是和敵人和睦相處之人類最高的智慧——『愛』。因此，對於未曾經歷過民族的紛爭，以及宗教上的紛爭，平穩地走過歷史的日本人來說，是不會瞭解『愛』的真正意思的。

的確，不論是男女之間的愛也好，人類之間的愛也好，當我們都把愛掛在嘴邊時，多多少少都會感到有些微的不適，這是不容否認之事實。

僅是將「愛可拯救〇〇」掛在嘴邊，在將愛大拍賣之前，再好好地咀嚼一下愛的真諦，這樣不是意義較深遠嗎？

◎在結婚之前請仔細地觀察你另一半的父母親

△ひろさちや　一九三六年生於大阪府。佛教學者。東京大學、東京大學碩士班畢業。本名叫做增原良彥。以廣博的知識、高格調的幽默感來探討傳教的哲學者而知名。以ひろ這個筆名所著之書有『釋尊物語』等書，他也以其本名著有『起鬨者交學錄』等書。

在熱戀中的男女總是較容易去忽略對方的缺點。其結果，在結了婚之後才後悔地說「應該不是這樣才對」，諸如此類的例子層出不窮。

因此，爲了不選錯結婚的對象，在其方法理論上似乎有點助益者是，ひろ所說的「在結婚之前，請仔細觀察你另一半的父母親」這句話。

他的說法是，男的就看爸爸，女的就看媽媽，看你的另一半是在什麼樣的教育方式下長大的，如此，大約能隱隱約約的看得到五年、十年後你的另一半會變成什麼樣。

雖然話說縱然是親子關係，也有個性剛好相反的例子，但是隔點距離來看對方，似乎是一個不錯的契機。

◎欲追求愛情者，首先，要好好地經營友情

△桐島洋子　一九三七年生於東京。評論家、散文作家。駒場高中畢業。經歷過雜誌編輯，進而成為自由作家，以『寂寞的美國人』之作得到大宅獎。由於其本身是『未婚媽媽』，所以發表過許多以女性獨立為主題的作品。

最近，據聞盛行「純愛狂熱」，在大衆傳播媒體上有關以戀愛爲主題的題材，頻頻被提出來討論。對於那種戀愛趨勢進忠言者，就是桐島。

本來戀愛就是一種病，一種異於常態的事態。她提出，雖然受傷是理所當然，要有較悲觀的覺醒，但是一味地崇尚風潮，胡亂地追求戀愛的男女太多了。

而且，她進一步地提出「欲追求愛情者，首先，要好好地經營友情」的說法。

擁有許多好朋友的人，絕對不會貪婪地去强求愛情。

而且，就是在有衆多好友的環境下，也可能會孕育出第一次「真正的愛情」。其實，所謂的戀愛，即是豐渥心田下的產物。

◎男人是活在連頭都浸淫在迷糊當中

△西部邁　一九三九年生於北海道。東京大學畢業。在電視、雜誌上的評論節目或評論專欄中相當地活躍。在八八年涉及人事問題而辭去東大教授的職位，之後，以批判「高度大衆社會」爲軸心，展開其多彩多姿的執筆活動。著作有『對大衆的反判』、『一本正經的遊戲』等書。

以「男人充其量只不過是膽小、嫉妒心強，自尊自大的替代品」這句話，將同性的男性狠狠修理了一頓，更以「一言居士」的名號一炮而紅的西部邁。那麼毒的評論家，繼續提出了「男人們的婆婆媽媽是無所不在的」。

依西部邁的說法，男人之所以不幸無法像女人般一頭栽進迷糊的深淵中，因爲男人想盡力保持其清醒而單單只讓頭部浮在水面上。他的看法是，由於頭尚伸出水面，因此，不要說戀愛了，就連吃飯這種稀鬆平常之事也都變得滑稽可笑。真是完全地抹殺了男人的自尊。

此外，西部更主張，將其滑稽可笑之處一笑置之，卻是男人僅存的『像男子漢』的表現，他的主張令人有點氣急敗壞，但卻不失其高超的說服力。

◎如果沒有要做單身貴族的勇氣，就不要去妨礙良好的男女關係

△円より子　一九四七年生於神奈川縣。主宰「顏歡分手離婚講座」。津田塾大學畢業。日本時代雜誌的記者、編輯經驗，之後成爲自由業者，主宰由離婚團體所組成的「手連手」會。著有『主婦症候群』等書。

在主宰顏歡分手離婚講座這個獨特研討會之円的處所，最近常有被老婆强迫離婚的男子來尋求諮商、協助。他們的共通的詞是「我已經盡力在分擔家事及照顧小孩子的工作了，怎麽還……」，但是，円卻指責，男人就是因爲那樣地『僞裝體貼』，才會造成夫妻的不和。

爲了要留住老婆扮演著聽話好老公的角色，到最後，甚至連老婆在外偷情都默認了，像這種懦弱的男人太多了，円作了以上的指責。

她還說：「如果沒有要做單身貴族的勇氣的話，就不要去妨礙良好的男女關係。」

的確，或許最近的男人們，在那些「雄赳赳」的女人面前，就連應該要說的事都膽怯得說不出口了。

◎太過於相信男人的理論是很危險的

△堀威夫　一九三二年生於神奈川縣。堀製片廠的會長。明治大學畢業。在六〇年設立堀製片廠，在推賣出舟木一夫、山口百惠等紅星後，發展成大型的製片廠。八九年，首次以藝能界製片廠的名義公開發行股票。

堀製片廠發行其中一部分的股票，將其觸角伸及文化事業等，並一直在爭取從綜合軟體企業中企圖脫穎而出，但是身爲會長的堀，卻特別致力於女性人材的採用。

他所抱持的理論是：不會將女人的感性投注於工作中的企業，將無法生存下去。

「在過去那麼長的時間裡，光靠男人的理論，世上的脈動如此這般地推動而來，然而；男人之理論上的缺點卻是欠缺預知的能力。我想是否應該多運用女人的感性來推展？」

也就是說，女性在開拓時代的感覺上優於男性的意思，堀如此看待他的看法。他還提到，在女性的感性開得太過頭時，男人的工作就是要來踩煞車，最重要的是取得兩者的平衡感。

◎所謂的愛就是，不斷地磨練自己

以二十多歲花樣年華離開人世的搖滾歌手尾崎，寫下了許多愛的歌曲，現在仍然廣受年輕朋友的喜愛，那樣的尾崎曾道出愛的信誠。內容如下：

「所謂的愛這種東西，追求下去者是平凡，真正需要削薄下去者就要削去，愛可不斷地磨練自己啊。」

也就是說，將多餘的雜質，一件一件地除掉，很實在地呈現出最樸實、簡素的自我，那就是愛。

或許將他所追求的愛稱作是「純純的愛」是最恰當不過了。

遺憾的是，之後他是如何地被磨練的，大概除了透過他的歌之外，便無從知曉了。

△尾崎豐　一九六五年生於東京都。歌手。青學高中肄業。以寫眞集『十七歲的地圖』登場。在充斥著虛無主義的現代，勇敢地傳送愛、夢想、自由的訊息，宛如年輕人心目中所崇拜的神。沈溺於速賜康，在九二年去世。

◎或許，戀愛總是最後一次

△秋元康　一九五六年生於東京都。播音電台作家。作詞家。中大肄業。因『夕陽的腳本及作詞一躍成名。將電視媒體充分地活用之創作手腕出類拔萃。也親自作一些如とんねるず的詞曲。

戀愛時，誰都希望會有一個完美的結局，但是秋元卻說：「戀愛是在分別的最緊迫的那一次達到最高潮。」

一邊牽引著無法滿足彼此的感情，一邊要分道揚鑣——

在那兒，有痛苦、有甘美，或者還有愛憐及狂熱，其中凝聚著所有戀愛的本質。

如此一來，真正要來成就戀愛，或許就不太可能了。形式上或許已到達了結婚的層次，但是；愛戀卻無法永久存續，因爲其中必定存在著面臨破裂的命運。

因此，秋元主張「戀愛常常都是最後一次的連續」，就是因爲是最後一次才會令人感動。

◎男人會的事情，女人應該也會；男人不會的事情，女人應該也不會。

△上野千鶴子　一九四八年生於富山縣。社會學者、女權主義理論家。京都大學畢業。她是一位以女性問題爲中心而展開清晰地理論，因而受到矚目之女性社會學者。著作有『裙襬下的劇場』等多本書。東京大學文學部副教授。

現在啊！是「女人的時代」——等恭維女人的字眼，其實跟藐視女人一樣會讓人困惑的，上野作了以上的説明。爲什麼呢？她所抱持的理由是，對女人的恭維其實根本就是藐視的另一個説法，因爲玩弄女人的男性社會的架構是一點兒都没有變。

她説：「男人會的事情女人也會，男人不會的事情女人也不會。」我們應該要接受這個理所當然的事實。不要過度褒獎女人，也不要太小看女人，要以平等的視點來看待——那才是真正的女人。

雖然有點困難，但是不管是抬高也好、藐視也好，都不要用有色的眼光來看待女人，要以平等的姿態來對待女人。對男人來講，女性「神話」般的存在，似乎已經不存在了。

◎作為一個男人，要避免說人壞話、惡霸、冷酷無情

△遠藤周作　一九二三年生於東京。小說家。慶應大學畢業。在五十五年以『白色的人』這本創作獲得芥川獎。本身有受洗，關於基督教的理想、自我的要求都成了他宿命般的主題。著作有『死海之旁』等。

男人實在是一種奇妙的生物，偶而總會想要問「要活得像個男人應該如何是好呢？」

關於此點，遠藤有他個人的獨到見解，亦即要避免以下三點：即是「說他人的壞話」、「惡霸、自我吹噓」及「冷酷無情」。以上是他的「男人美學」。

「特別是以『冷酷無情』爲核心。對於人間疾苦及悲傷絲毫不爲所動的人，我想世上没有比無情的自我更令人嫌惡的了。而且，這會隨著年齡的增長而有所改變的。」

的確，如果能避開遠藤所舉的以上三點，或許與其說是身爲一個男人，不如說是身爲人應可活得較舒坦些要來得恰當。

上述三點在作爲磨練男人的課題上，應該是一個很好的參考範例。

大展出版社有限公司	圖書目錄
地址：台北市北投區11204 致遠一路二段12巷1號 郵撥： 0166955～1	電話：(02) 8236031 8236033 傳眞：(02) 8272069

• 法律專欄連載 • 電腦編號 58

台大法學院 法律學系／策劃
法律服務社／編著

①別讓您的權利睡著了[1]	200元
②別讓您的權利睡著了[2]	200元

• 秘傳占卜系列 • 電腦編號 14

①手相術	淺野八郎著	150元
②人相術	淺野八郎著	150元
③西洋占星術	淺野八郎著	150元
④中國神奇占卜	淺野八郎著	150元
⑤夢判斷	淺野八郎著	150元
⑥前世、來世占卜	淺野八郎著	150元
⑦法國式血型學	淺野八郎著	150元
⑧靈感、符咒學	淺野八郎著	150元
⑨紙牌占卜學	淺野八郎著	150元
⑩ＥＳＰ超能力占卜	淺野八郎著	150元
⑪猶太數的秘術	淺野八郎著	150元
⑫新心理測驗	淺野八郎著	160元
⑬塔羅牌預言秘法	淺野八郎著	元

• 趣味心理講座 • 電腦編號 15

①性格測驗１	探索男與女	淺野八郎著	140元
②性格測驗２	透視人心奧秘	淺野八郎著	140元
③性格測驗３	發現陌生的自己	淺野八郎著	140元
④性格測驗４	發現你的真面目	淺野八郎著	140元
⑤性格測驗５	讓你們吃驚	淺野八郎著	140元
⑥性格測驗６	洞穿心理盲點	淺野八郎著	140元
⑦性格測驗７	探索對方心理	淺野八郎著	140元
⑧性格測驗８	由吃認識自己	淺野八郎著	140元

⑨性格測驗9	戀愛知多少	淺野八郎著	160元
⑩性格測驗10	由裝扮瞭解人心	淺野八郎著	140元
⑪性格測驗11	敲開內心玄機	淺野八郎著	140元
⑫性格測驗12	透視你的未來	淺野八郎著	140元
⑬血型與你的一生		淺野八郎著	160元
⑭趣味推理遊戲		淺野八郎著	160元
⑮行爲語言解析		淺野八郎著	160元

・婦 幼 天 地・電腦編號16

①八萬人減肥成果	黃靜香譯	180元
②三分鐘減肥體操	楊鴻儒譯	150元
③窈窕淑女美髮秘訣	柯素娥譯	130元
④使妳更迷人	成　玉譯	130元
⑤女性的更年期	官舒妍編譯	160元
⑥胎內育兒法	李玉瓊編譯	150元
⑦早產兒袋鼠式護理	唐岱蘭譯	200元
⑧初次懷孕與生產	婦幼天地編譯組	180元
⑨初次育兒12個月	婦幼天地編譯組	180元
⑩斷乳食與幼兒食	婦幼天地編譯組	180元
⑪培養幼兒能力與性向	婦幼天地編譯組	180元
⑫培養幼兒創造力的玩具與遊戲	婦幼天地編譯組	180元
⑬幼兒的症狀與疾病	婦幼天地編譯組	180元
⑭腿部苗條健美法	婦幼天地編譯組	180元
⑮女性腰痛別忽視	婦幼天地編譯組	150元
⑯舒展身心體操術	李玉瓊編譯	130元
⑰三分鐘臉部體操	趙薇妮著	160元
⑱生動的笑容表情術	趙薇妮著	160元
⑲心曠神怡減肥法	川津祐介著	130元
⑳內衣使妳更美麗	陳玄茹譯	130元
㉑瑜伽美姿美容	黃靜香編著	150元
㉒高雅女性裝扮學	陳珮玲譯	180元
㉓蠶糞肌膚美顏法	坂梨秀子著	160元
㉔認識妳的身體	李玉瓊譯	160元
㉕產後恢復苗條體態	居理安・芙萊喬著	200元
㉖正確護髮美容法	山崎伊久江著	180元
㉗安琪拉美姿養生學	安琪拉蘭斯博瑞著	180元
㉘女體性醫學剖析	增田豐著	220元
㉙懷孕與生產剖析	岡部綾子著	180元
㉚斷奶後的健康育兒	東城百合子著	220元
㉛引出孩子幹勁的責罵藝術	多湖輝著	170元

㉜培養孩子獨立的藝術	多湖輝著	170元
㉝子宮肌瘤與卵巢囊腫	陳秀琳編著	180元
㉞下半身減肥法	納他夏・史達賓著	180元
㉟女性自然美容法	吳雅菁編著	180元
㊱再也不發胖	池園悅太郎著	170元
㊲生男生女控制術	中垣勝裕著	220元
㊳使妳的肌膚更亮麗	楊　皓編著	170元
㉚臉部輪廓變美	芝崎義夫著	180元
㊵斑點、皺紋自己治療	高須克彌著	180元
㊶面皰自己治療	伊藤雄康著	180元
㊷隨心所欲瘦身冥想法	原久子著	180元
㊸胎兒革命	鈴木丈織著	元

・青 春 天 地・電腦編號17

①A血型與星座	柯素娥編譯	120元
②B血型與星座	柯素娥編譯	120元
③O血型與星座	柯素娥編譯	120元
④AB血型與星座	柯素娥編譯	120元
⑤青春期性教室	呂貴嵐編譯	130元
⑥事半功倍讀書法	王毅希編譯	150元
⑦難解數學破題	宋釗宜編譯	130元
⑧速算解題技巧	宋釗宜編譯	130元
⑨小論文寫作秘訣	林顯茂編譯	120元
⑪中學生野外遊戲	熊谷康編著	120元
⑫恐怖極短篇	柯素娥編譯	130元
⑬恐怖夜話	小毛驢編譯	130元
⑭恐怖幽默短篇	小毛驢編譯	120元
⑮黑色幽默短篇	小毛驢編譯	120元
⑯靈異怪談	小毛驢編譯	130元
⑰錯覺遊戲	小毛驢編譯	130元
⑱整人遊戲	小毛驢編著	150元
⑲有趣的超常識	柯素娥編譯	130元
⑳哦！原來如此	林慶旺編譯	130元
㉑趣味競賽100種	劉名揚編譯	120元
㉒數學謎題入門	宋釗宜編譯	150元
㉓數學謎題解析	宋釗宜編譯	150元
㉔透視男女心理	林慶旺編譯	120元
㉕少女情懷的自白	李桂蘭編譯	120元
㉖由兄弟姊妹看命運	李玉瓊編譯	130元
㉗趣味的科學魔術	林慶旺編譯	150元

㉘趣味的心理實驗室	李燕玲編譯	150元
㉙愛與性心理測驗	小毛驢編譯	130元
㉚刑案推理解謎	小毛驢編譯	130元
㉛偵探常識推理	小毛驢編譯	130元
㉜偵探常識解謎	小毛驢編譯	130元
㉝偵探推理遊戲	小毛驢編譯	130元
㉞趣味的超魔術	廖玉山編著	150元
㉟趣味的珍奇發明	柯素娥編著	150元
㊱登山用具與技巧	陳瑞菊編著	150元

•健 康 天 地•電腦編號18

①壓力的預防與治療	柯素娥編譯	130元
②超科學氣的魔力	柯素娥編譯	130元
③尿療法治病的神奇	中尾良一著	130元
④鐵證如山的尿療法奇蹟	廖玉山譯	120元
⑤一日斷食健康法	葉慈容編譯	150元
⑥胃部強健法	陳炳崑譯	120元
⑦癌症早期檢查法	廖松濤譯	160元
⑧老人痴呆症防止法	柯素娥編譯	130元
⑨松葉汁健康飲料	陳麗芬編譯	130元
⑩揉肚臍健康法	永井秋夫著	150元
⑪過勞死、猝死的預防	卓秀貞編譯	130元
⑫高血壓治療與飲食	藤山順豐著	150元
⑬老人看護指南	柯素娥編譯	150元
⑭美容外科淺談	楊啟宏著	150元
⑮美容外科新境界	楊啟宏著	150元
⑯鹽是天然的醫生	西英司郎著	140元
⑰年輕十歲不是夢	梁瑞麟譯	200元
⑱茶料理治百病	桑野和民著	180元
⑲綠茶治病寶典	桑野和民著	150元
⑳杜仲茶養顏減肥法	西田博著	150元
㉑蜂膠驚人療效	瀨長良三郎著	150元
㉒蜂膠治百病	瀨長良三郎著	180元
㉓醫藥與生活	鄭炳全著	180元
㉔鈣長生寶典	落合敏著	180元
㉕大蒜長生寶典	木下繁太郎著	160元
㉖居家自我健康檢查	石川恭三著	160元
㉗永恒的健康人生	李秀鈴譯	200元
㉘大豆卵磷脂長生寶典	劉雪卿譯	150元
㉙芳香療法	梁艾琳譯	160元

㉚醋長生寶典	柯素娥譯	180元
㉛從星座透視健康	席拉・吉蒂斯著	180元
㉜愉悅自在保健學	野本二士夫著	160元
㉝裸睡健康法	丸山淳士等著	160元
㉞糖尿病預防與治療	藤田順豐著	180元
㉟維他命長生寶典	菅原明子著	180元
㊱維他命C新效果	鐘文訓編	150元
㊲手、腳病理按摩	堤芳朗著	160元
㊳AIDS瞭解與預防	彼得塔歇爾著	180元
㊴甲殼質殼聚糖健康法	沈永嘉譯	160元
㊵神經痛預防與治療	木下眞男著	160元
㊶室內身體鍛鍊法	陳炳崑編著	160元
㊷吃出健康藥膳	劉大器編著	180元
㊸自我指壓術	蘇燕謀編著	160元
㊹紅蘿蔔汁斷食療法	李玉瓊編著	150元
㊺洗心術健康秘法	竺翠萍編譯	170元
㊻枇杷葉健康療法	柯素娥編譯	180元
㊼抗衰血癒	楊啟宏著	180元
㊽與癌搏鬥記	逸見政孝著	180元
㊾冬蟲夏草長生寶典	高橋義博著	170元
㊿痔瘡・大腸疾病先端療法	宮島伸宜著	180元
51膠布治癒頑固慢性病	加瀨建造著	180元
52芝麻神奇健康法	小林貞作著	170元
53香煙能防止癡呆？	高田明和著	180元
54穀菜食治癌療法	佐藤成志著	180元
55貼藥健康法	松原英多著	180元
56克服癌症調和道呼吸法	帶津良一著	180元
57Ｂ型肝炎預防與治療	野村喜重郎著	180元
58青春永駐養生導引術	早島正雄著	180元
59改變呼吸法創造健康	原久子著	180元
60荷爾蒙平衡養生秘訣	出村博著	180元
61水美肌健康法	井戶勝富著	170元
62認識食物掌握健康	廖梅珠編著	170元
63痛風劇痛消除法	鈴木吉彥著	180元
64酸莖菌驚人療效	上田明彥著	180元
65大豆卵磷脂治現代病	神津健一著	200元
66時辰療法——危險時刻凌晨4時	呂建強等著	180元
67自然治癒力提升法	帶津良一著	180元
68巧妙的氣保健法	藤平墨子著	180元
69治癒Ｃ型肝炎	熊田博光著	180元
70肝臟病預防與治療	劉名揚編著	180元

⑪腰痛平衡療法	荒井政信著	180元
⑫根治多汗症、狐臭	稻葉益巳著	220元
⑬40歲以後的骨質疏鬆症	沈永嘉譯	180元
⑭認識中藥	松下一成著	180元
⑮氣的科學	佐佐木茂美著	180元

・實用女性學講座・電腦編號 19

①解讀女性內心世界	島田一男著	150元
②塑造成熟的女性	島田一男著	150元
③女性整體裝扮學	黃靜香編著	180元
④女性應對禮儀	黃靜香編著	180元
⑤女性婚前必修	小野十傳著	200元
⑥徹底瞭解女人	田口二州著	180元
⑦拆穿女性謊言88招	島田一男著	200元

・校 園 系 列・電腦編號 20

①讀書集中術	多湖輝著	150元
②應考的訣竅	多湖輝著	150元
③輕鬆讀書贏得聯考	多湖輝著	150元
④讀書記憶秘訣	多湖輝著	150元
⑤視力恢復！超速讀術	江錦雲譯	180元
⑥讀書36計	黃柏松編著	180元
⑦驚人的速讀術	鐘文訓編著	170元
⑧學生課業輔導良方	多湖輝著	180元
⑨超速讀超記憶法	廖松濤編著	180元
⑩速算解題技巧	宋釗宜編著	200元

・實用心理學講座・電腦編號 21

①拆穿欺騙伎倆	多湖輝著	140元
②創造好構想	多湖輝著	140元
③面對面心理術	多湖輝著	160元
④偽裝心理術	多湖輝著	140元
⑤透視人性弱點	多湖輝著	140元
⑥自我表現術	多湖輝著	180元
⑦不可思議的人性心理	多湖輝著	150元
⑧催眠術入門	多湖輝著	150元
⑨責罵部屬的藝術	多湖輝著	150元
⑩精神力	多湖輝著	150元

⑪厚黑說服術	多湖輝著	150元
⑫集中力	多湖輝著	150元
⑬構想力	多湖輝著	150元
⑭深層心理術	多湖輝著	160元
⑮深層語言術	多湖輝著	160元
⑯深層說服術	多湖輝著	180元
⑰掌握潛在心理	多湖輝著	160元
⑱洞悉心理陷阱	多湖輝著	180元
⑲解讀金錢心理	多湖輝著	180元
⑳拆穿語言圈套	多湖輝著	180元
㉑語言的內心玄機	多湖輝著	180元

•超現實心理講座•電腦編號22

①超意識覺醒法	詹蔚芬編譯	130元
②護摩秘法與人生	劉名揚編譯	130元
③秘法！超級仙術入門	陸　明譯	150元
④給地球人的訊息	柯素娥編著	150元
⑤密教的神通力	劉名揚編著	130元
⑥神秘奇妙的世界	平川陽一著	180元
⑦地球文明的超革命	吳秋嬌譯	200元
⑧力量石的秘密	吳秋嬌譯	180元
⑨超能力的靈異世界	馬小莉譯	200元
⑩逃離地球毀滅的命運	吳秋嬌譯	200元
⑪宇宙與地球終結之謎	南山宏著	200元
⑫驚世奇功揭秘	傅起鳳著	200元
⑬啟發身心潛力心象訓練法	栗田昌裕著	180元
⑭仙道術遁甲法	高藤聰一郎著	220元
⑮神通力的秘密	中岡俊哉著	180元
⑯仙人成仙術	高藤聰一郎著	200元
⑰仙道符咒氣功法	高藤聰一郎著	220元
⑱仙道風水術尋龍法	高藤聰一郎著	200元
⑲仙道奇蹟超幻像	高藤聰一郎著	200元
⑳仙道鍊金術房中法	高藤聰一郎著	200元
㉑奇蹟超醫療治癒難病	深野一幸著	220元
㉒揭開月球的神秘力量	超科學研究會	180元
㉓西藏密教奧義	高藤聰一郎著	250元

•養 生 保 健•電腦編號23

①醫療養生氣功	黃孝寬著	250元

②中國氣功圖譜	余功保著	230元
③少林醫療氣功精粹	井玉蘭著	250元
④龍形實用氣功	吳大才等著	220元
⑤魚戲增視強身氣功	宮　嬰著	220元
⑥嚴新氣功	前新培金著	250元
⑦道家玄牝氣功	張　章著	200元
⑧仙家秘傳袪病功	李遠國著	160元
⑨少林十大健身功	秦慶豐著	180元
⑩中國自控氣功	張明武著	250元
⑪醫療防癌氣功	黃孝寬著	250元
⑫醫療強身氣功	黃孝寬著	250元
⑬醫療點穴氣功	黃孝寬著	250元
⑭中國八卦如意功	趙維漢著	180元
⑮正宗馬禮堂養氣功	馬禮堂著	420元
⑯秘傳道家筋經內丹功	王慶餘著	280元
⑰三元開慧功	辛桂林著	250元
⑱防癌治癌新氣功	郭　林著	180元
⑲禪定與佛家氣功修煉	劉天君著	200元
⑳顛倒之術	梅自強著	360元
㉑簡明氣功辭典	吳家駿編	360元
㉒八卦三合功	張全亮著	230元

•社會人智囊•電腦編號24

①糾紛談判術	清水增三著	160元
②創造關鍵術	淺野八郎著	150元
③觀人術	淺野八郎著	180元
④應急詭辯術	廖英迪編著	160元
⑤天才家學習術	木原武一著	160元
⑥猫型狗式鑑人術	淺野八郎著	180元
⑦逆轉運掌握術	淺野八郎著	180元
⑧人際圓融術	澀谷昌三著	160元
⑨解讀人心術	淺野八郎著	180元
⑩與上司水乳交融術	秋元隆司著	180元
⑪男女心態定律	小田晉著	180元
⑫幽默說話術	林振輝編著	200元
⑬人能信賴幾分	淺野八郎著	180元
⑭我一定能成功	李玉瓊譯	180元
⑮獻給青年的嘉言	陳蒼杰譯	180元
⑯知人、知面、知其心	林振輝編著	180元
⑰塑造堅強的個性	坂上肇著	180元

⑱爲自己而活	佐藤綾子著	180元
⑲未來十年與愉快生活有約	船井幸雄著	180元
⑳超級銷售話術	杜秀卿譯	180元
㉑感性培育術	黃靜香編著	180元
㉒公司新鮮人的禮儀規範	蔡媛惠譯	180元
㉓傑出職員鍛鍊術	佐佐木正著	180元
㉔面談獲勝戰略	李芳黛譯	180元
㉕金玉良言撼人心	森純大著	180元
㉖男女幽默趣典	劉華亭編著	180元
㉗機智說話術	劉華亭編著	180元
㉘心理諮商室	柯素娥譯	180元
㉙如何在公司頭角崢嶸	佐佐木正著	180元
㉚機智應對術	李玉瓊編著	200元

・精 選 系 列・電腦編號 25

①毛澤東與鄧小平	渡邊利夫等著	280元
②中國大崩裂	江戶介雄著	180元
③台灣・亞洲奇蹟	上村幸治著	220元
④7-ELEVEN高盈收策略	國友隆一著	180元
⑤台灣獨立	森　詠著	200元
⑥迷失中國的末路	江戶雄介著	220元
⑦2000年5月全世界毀滅	紫藤甲子男著	180元
⑧失去鄧小平的中國	小島朋之著	220元

・運 動 遊 戲・電腦編號 26

①雙人運動	李玉瓊譯	160元
②愉快的跳繩運動	廖玉山譯	180元
③運動會項目精選	王佑京譯	150元
④肋木運動	廖玉山譯	150元
⑤測力運動	王佑宗譯	150元

・休 閒 娛 樂・電腦編號 27

①海水魚飼養法	田中智浩著	300元
②金魚飼養法	曾雪玫譯	250元
③熱門海水魚	毛利匡明著	元
④愛犬的教養與訓練	池田好雄著	250元

・銀髮族智慧學・電腦編號 28

①銀髮六十樂逍遙	多湖輝著	170元
②人生六十反年輕	多湖輝著	170元
③六十歲的決斷	多湖輝著	170元

・飲 食 保 健・電腦編號 29

①自己製作健康茶	大海淳著	220元
②好吃、具藥效茶料理	德永睦子著	220元
③改善慢性病健康藥草茶	吳秋嬌譯	200元
④藥酒與健康果菜汁	成玉編著	250元

・家庭醫學保健・電腦編號 30

①女性醫學大全	雨森良彥著	380元
②初爲人父育兒寶典	小瀧周曹著	220元
③性活力強健法	相建華著	200元
④30歲以上的懷孕與生產	李芳黛編著	220元
⑤舒適的女性更年期	野末悅子著	200元
⑥夫妻前戲的技巧	笠井寬司著	200元
⑦病理足穴按摩	金慧明著	220元
⑧爸爸的更年期	河野孝旺著	200元
⑨橡皮帶健康法	山田晶著	200元
⑩33天健美減肥	相建華等著	180元
⑪男性健美入門	孫玉祿編著	180元

・心 靈 雅 集・電腦編號 00

①禪言佛語看人生	松濤弘道著	180元
②禪密教的奧秘	葉逯謙譯	120元
③觀音大法力	田口日勝著	120元
④觀音法力的大功德	田口日勝著	120元
⑤達摩禪106智慧	劉華亭編譯	220元
⑥有趣的佛教研究	葉逯謙編譯	170元
⑦夢的開運法	蕭京凌譯	130元
⑧禪學智慧	柯素娥編譯	130元
⑨女性佛教入門	許俐萍譯	110元
⑩佛像小百科	心靈雅集編譯組	130元
⑪佛教小百科趣談	心靈雅集編譯組	120元

⑫佛教小百科漫談	心靈雅集編譯組	150元
⑬佛教知識小百科	心靈雅集編譯組	150元
⑭佛學名言智慧	松濤弘道著	220元
⑮釋迦名言智慧	松濤弘道著	220元
⑯活人禪	平田精耕著	120元
⑰坐禪入門	柯素娥編譯	150元
⑱現代禪悟	柯素娥編譯	130元
⑲道元禪師語錄	心靈雅集編譯組	130元
⑳佛學經典指南	心靈雅集編譯組	130元
㉑何謂「生」　阿含經	心靈雅集編譯組	150元
㉒一切皆空　般若心經	心靈雅集編譯組	150元
㉓超越迷惘　法句經	心靈雅集編譯組	130元
㉔開拓宇宙觀　華嚴經	心靈雅集編譯組	130元
㉕真實之道　法華經	心靈雅集編譯組	130元
㉖自由自在　涅槃經	心靈雅集編譯組	130元
㉗沈默的教示　維摩經	心靈雅集編譯組	150元
㉘開通心眼　佛語佛戒	心靈雅集編譯組	130元
㉙揭秘寶庫　密教經典	心靈雅集編譯組	180元
㉚坐禪與養生	廖松濤譯	110元
㉛釋尊十戒	柯素娥編譯	120元
㉜佛法與神通	劉欣如編著	120元
㉝悟（正法眼藏的世界）	柯素娥編譯	120元
㉞只管打坐	劉欣如編著	120元
㉟喬答摩・佛陀傳	劉欣如編著	120元
㊱唐玄奘留學記	劉欣如編著	120元
㊲佛教的人生觀	劉欣如編譯	110元
㊳無門關（上卷）	心靈雅集編譯組	150元
㊴無門關（下卷）	心靈雅集編譯組	150元
㊵業的思想	劉欣如編著	130元
㊶佛法難學嗎	劉欣如著	140元
㊷佛法實用嗎	劉欣如著	140元
㊸佛法殊勝嗎	劉欣如著	140元
㊹因果報應法則	李常傳編	140元
㊺佛教醫學的奧秘	劉欣如編著	150元
㊻紅塵絕唱	海　若著	130元
㊼佛教生活風情	洪丕謨、姜玉珍著	220元
㊽行住坐臥有佛法	劉欣如著	160元
㊾起心動念是佛法	劉欣如著	160元
㊿四字禪語	曹洞宗青年會	200元
(51)妙法蓮華經	劉欣如編著	160元
(52)根本佛教與大乘佛教	葉作森編	180元

㊸大乘佛經	定方晟著	180元
㊹須彌山與極樂世界	定方晟著	180元
㊺阿闍世的悟道	定方晟著	180元
㊻金剛經的生活智慧	劉欣如著	180元

・經 營 管 理・電腦編號01

◎創新經營管理六十六大計（精）	蔡弘文編	780元
①如何獲取生意情報	蘇燕謀譯	110元
②經濟常識問答	蘇燕謀譯	130元
④台灣商戰風雲錄	陳中雄著	120元
⑤推銷大王秘錄	原一平著	180元
⑥新創意・賺大錢	王家成譯	90元
⑦工廠管理新手法	琪　輝著	120元
⑨經營參謀	柯順隆譯	120元
⑩美國實業24小時	柯順隆譯	80元
⑪撼動人心的推銷法	原一平著	150元
⑫高竿經營法	蔡弘文編	120元
⑬如何掌握顧客	柯順隆譯	150元
⑭一等一賺錢策略	蔡弘文編	120元
⑯成功經營妙方	鐘文訓著	120元
⑰一流的管理	蔡弘文編	150元
⑱外國人看中韓經濟	劉華亭譯	150元
⑳突破商場人際學	林振輝編著	90元
㉑無中生有術	琪輝編著	140元
㉒如何使女人打開錢包	林振輝編著	100元
㉓操縱上司術	邑井操著	90元
㉔小公司經營策略	王嘉誠著	160元
㉕成功的會議技巧	鐘文訓編譯	100元
㉖新時代老闆學	黃柏松編著	100元
㉗如何創造商場智囊團	林振輝編譯	150元
㉘十分鐘推銷術	林振輝編譯	180元
㉙五分鐘育才	黃柏松編譯	100元
㉚成功商場戰術	陸明編譯	100元
㉛商場談話技巧	劉華亭編譯	120元
㉜企業帝王學	鐘文訓譯	90元
㉝自我經濟學	廖松濤編譯	100元
㉞一流的經營	陶田生編著	120元
㉟女性職員管理術	王昭國編譯	120元
㊱ＩＢＭ的人事管理	鐘文訓編譯	150元
㊲現代電腦常識	王昭國編譯	150元

㊳電腦管理的危機	鐘文訓編譯	120元
㊴如何發揮廣告效果	王昭國編譯	150元
㊵最新管理技巧	王昭國編譯	150元
㊶一流推銷術	廖松濤編譯	150元
㊷包裝與促銷技巧	王昭國編譯	130元
㊸企業王國指揮塔	松下幸之助著	120元
㊹企業精銳兵團	松下幸之助著	120元
㊺企業人事管理	松下幸之助著	100元
㊻華僑經商致富術	廖松濤編譯	130元
㊼豐田式銷售技巧	廖松濤編譯	180元
㊽如何掌握銷售技巧	王昭國編著	130元
㊿洞燭機先的經營	鐘文訓編譯	150元
(52)新世紀的服務業	鐘文訓編譯	100元
(53)成功的領導者	廖松濤編譯	120元
(54)女推銷員成功術	李玉瓊編譯	130元
(55)ＩＢＭ人才培育術	鐘文訓編譯	100元
(56)企業人自我突破法	黃琪輝編著	150元
(58)財富開發術	蔡弘文編著	130元
(59)成功的店舖設計	鐘文訓編著	150元
(61)企管回春法	蔡弘文編著	130元
(62)小企業經營指南	鐘文訓編譯	100元
(63)商場致勝名言	鐘文訓編譯	150元
(64)迎接商業新時代	廖松濤編譯	100元
(66)新手股票投資入門	何朝乾　編	200元
(67)上揚股與下跌股	何朝乾編譯	180元
(68)股票速成學	何朝乾編譯	200元
(69)理財與股票投資策略	黃俊豪編著	180元
(70)黃金投資策略	黃俊豪編著	180元
(71)厚黑管理學	廖松濤編譯	180元
(72)股市致勝格言	呂梅莎編譯	180元
(73)透視西武集團	林谷燁編譯	150元
(76)巡迴行銷術	陳蒼杰譯	150元
(77)推銷的魔術	王嘉誠譯	120元
(78)60秒指導部屬	周蓮芬編譯	150元
(79)精銳女推銷員特訓	李玉瓊編譯	130元
(80)企劃、提案、報告圖表的技巧	鄭　汶　譯	180元
(81)海外不動產投資	許達守編譯	150元
(82)八百件的世界策略	李玉瓊譯	150元
(83)服務業品質管理	吳宜芬譯	180元
(84)零庫存銷售	黃東謙編譯	150元
(85)三分鐘推銷管理	劉名揚編譯	150元

㊱推銷大王奮鬥史	原一平著	150元
㊲豐田汽車的生產管理	林谷燁編譯	150元

・成 功 寶 庫・電腦編號 02

①上班族交際術	江森滋著	100元
②拍馬屁訣竅	廖玉山編譯	110元
④聽話的藝術	歐陽輝編譯	110元
⑨求職轉業成功術	陳　義編著	110元
⑩上班族禮儀	廖玉山編著	120元
⑪接近心理學	李玉瓊編著	100元
⑫創造自信的新人生	廖松濤編著	120元
⑭上班族如何出人頭地	廖松濤編著	100元
⑮神奇瞬間瞑想法	廖松濤編譯	100元
⑯人生成功之鑰	楊意苓編著	150元
⑲給企業人的諍言	鐘文訓編著	120元
⑳企業家自律訓練法	陳　義編譯	100元
㉑上班族妖怪學	廖松濤編著	100元
㉒猶太人縱橫世界的奇蹟	孟佑政編著	110元
㉓訪問推銷術	黃静香編著	130元
㉕你是上班族中強者	嚴思圖編著	100元
㉖向失敗挑戰	黃静香編著	100元
㉚成功頓悟100則	蕭京凌編譯	130元
㉛掌握好運100則	蕭京凌編譯	110元
㉜知性幽默	李玉瓊編譯	130元
㉝熟記對方絕招	黃静香編譯	100元
㉞男性成功秘訣	陳蒼杰編譯	130元
㊱業務員成功秘方	李玉瓊編著	120元
㊲察言觀色的技巧	劉華亭編著	180元
㊳一流領導力	施義彥編譯	120元
㊴一流說服力	李玉瓊編著	130元
㊵30秒鐘推銷術	廖松濤編譯	150元
㊶猶太成功商法	周蓮芬編譯	120元
㊷尖端時代行銷策略	陳蒼杰編著	100元
㊸顧客管理學	廖松濤編著	100元
㊹如何使對方說Yes	程　羲編著	150元
㊺如何提高工作效率	劉華亭編著	150元
㊼上班族口才學	楊鴻儒譯	120元
㊽上班族新鮮人須知	程　羲編著	120元
㊾如何左右逢源	程　羲編著	130元
㊿語言的心理戰	多湖輝著	130元

㊿扣人心弦演說術	劉名揚編著	120元
㊸如何增進記憶力、集中力	廖松濤譯	130元
㊺性惡企業管理學	陳蒼杰譯	130元
㊻自我啟發200招	楊鴻儒編著	150元
㊼做個傑出女職員	劉名揚編著	130元
㊽靈活的集團營運術	楊鴻儒編著	120元
㊿個案研究活用法	楊鴻儒編著	130元
61企業教育訓練遊戲	楊鴻儒編著	120元
62管理者的智慧	程　義編譯	130元
63做個佼佼管理者	馬筱莉編譯	130元
64智慧型說話技巧	沈永嘉編譯	130元
66活用佛學於經營	松濤弘道著	150元
67活用禪學於企業	柯素娥編譯	130元
68詭辯的智慧	沈永嘉編譯	150元
69幽默詭辯術	廖玉山編譯	150元
70拿破崙智慧箴言	柯素娥編譯	130元
71自我培育・超越	蕭京凌編譯	150元
74時間即一切	沈永嘉編譯	130元
75自我脫胎換骨	柯素娥譯	150元
76贏在起跑點—人才培育鐵則	楊鴻儒編譯	150元
77做一枚活棋	李玉瓊編譯	130元
78面試成功戰略	柯素娥編譯	130元
79自我介紹與社交禮儀	柯素娥編譯	150元
80說NO的技巧	廖玉山編譯	130元
81瞬間攻破心防法	廖玉山編譯	120元
82改變一生的名言	李玉瓊編譯	130元
83性格性向創前程	楊鴻儒編譯	130元
84訪問行銷新竅門	廖玉山編譯	150元
85無所不達的推銷話術	李玉瓊編譯	150元

・處 世 智 慧・電腦編號 03

①如何改變你自己	陸明編譯	120元
⑥靈感成功術	譚繼山編譯	80元
⑧扭轉一生的五分鐘	黃柏松編譯	100元
⑩現代人的詭計	林振輝譯	100元
⑫如何利用你的時間	蘇遠謀譯	80元
⑬口才必勝術	黃柏松編譯	120元
⑭女性的智慧	譚繼山編譯	90元
⑮如何突破孤獨	張文志編譯	80元
⑯人生的體驗	陸明編譯	80元

⑰微笑社交術	張芳明譯	90元
⑱幽默吹牛術	金子登著	90元
⑲攻心說服術	多湖輝著	100元
⑳當機立斷	陸明編譯	70元
㉑勝利者的戰略	宋恩臨編譯	80元
㉒如何交朋友	安紀芳編著	70元
㉓鬥智奇謀（諸葛孔明兵法）	陳炳崑著	70元
㉔慧心良言	亦 奇著	80元
㉕名家慧語	蔡逸鴻主編	90元
㉗稱霸者啟示金言	黃柏松編譯	90元
㉘如何發揮你的潛能	陸明編譯	90元
㉙女人身態語言學	李常傳譯	130元
㉚摸透女人心	張文志譯	90元
㉛現代戀愛秘訣	王家成譯	70元
㉜給女人的悄悄話	妮倩編譯	90元
㉞如何開拓快樂人生	陸明編譯	90元
㉟驚人時間活用法	鐘文訓譯	80元
㊱成功的捷徑	鐘文訓譯	70元
㊲幽默逗笑術	林振輝著	120元
㊳活用血型讀書法	陳炳崑譯	80元
㊴心 燈	葉于模著	100元
㊵當心受騙	林顯茂譯	90元
㊶心・體・命運	蘇燕謀譯	70元
㊷如何使頭腦更敏銳	陸明編譯	70元
㊸宮本武藏五輪書金言錄	宮本武藏著	100元
㊺勇者的智慧	黃柏松編譯	80元
㊼成熟的愛	林振輝譯	120元
㊽現代女性駕馭術	蔡德華著	90元
㊾禁忌遊戲	酒井潔著	90元
52摸透男人心	劉華亭編譯	80元
53如何達成願望	謝世輝著	90元
54創造奇蹟的「想念法」	謝世輝著	90元
55創造成功奇蹟	謝世輝著	90元
57幻想與成功	廖松濤譯	80元
58反派角色的啟示	廖松濤編譯	70元
59現代女性須知	劉華亭編著	75元
62如何突破內向	姜倩怡編譯	110元
64讀心術入門	王家成編譯	100元
65如何解除內心壓力	林美羽編著	110元
66取信於人的技巧	多湖輝著	110元
67如何培養堅強的自我	林美羽編著	90元

⑱自我能力的開拓	卓一凡編著	110元
⑳縱橫交涉術	嚴思圖編著	90元
㉑如何培養妳的魅力	劉文珊編著	90元
㉒魅力的力量	姜倩怡編著	90元
㉕個性膽怯者的成功術	廖松濤編譯	100元
㉖人性的光輝	文可式編著	90元
㉙培養靈敏頭腦秘訣	廖玉山編著	90元
㊵夜晚心理術	鄭秀美編譯	80元
㊶如何做個成熟的女性	李玉瓊編著	80元
㊷現代女性成功術	劉文珊編著	90元
㊸成功說話技巧	梁惠珠編譯	100元
㊹人生的真諦	鐘文訓編譯	100元
㊺妳是人見人愛的女孩	廖松濤編著	120元
㊼指尖・頭腦體操	蕭京凌編譯	90元
㊽電話應對禮儀	蕭京凌編著	120元
㊾自我表現的威力	廖松濤編譯	100元
㊿名人名語啟示錄	喬家楓編著	100元
91男與女的哲思	程鐘梅編譯	110元
92靈思慧語	牧　風著	110元
93心靈夜語	牧　風著	100元
94激盪腦力訓練	廖松濤編譯	100元
95三分鐘頭腦活性法	廖玉山編譯	110元
96星期一的智慧	廖玉山編譯	100元
97溝通說服術	賴文琇編譯	100元

•健康與美容• 電腦編號04

③媚酒傳（中國王朝秘酒）	陸明主編	120元
⑤中國回春健康術	蔡一藩著	100元
⑥奇蹟的斷食療法	蘇燕謀譯	130元
⑧健美食物法	陳炳崑譯	120元
⑨驚異的漢方療法	唐龍編著	90元
⑩不老強精食	唐龍編著	100元
⑫五分鐘跳繩健身法	蘇明達譯	100元
⑬睡眠健康法	王家成譯	80元
⑭你就是名醫	張芳明譯	90元
⑮如何保護你的眼睛	蘇燕謀譯	70元
⑲釋迦長壽健康法	譚繼山譯	90元
⑳腳部按摩健康法	譚繼山譯	120元
㉑自律健康法	蘇明達譯	90元
㉓身心保健座右銘	張仁福著	160元

㉔腦中風家庭看護與運動治療	林振輝譯	100元
㉕秘傳醫學人相術	成玉主編	120元
㉖導引術入門⑴治療慢性病	成玉主編	110元
㉗導引術入門⑵健康・美容	成玉主編	110元
㉘導引術入門⑶身心健康法	成玉主編	110元
㉙妙用靈藥・蘆薈	李常傳譯	150元
㉚萬病回春百科	吳通華著	150元
㉛初次懷孕的10個月	成玉編譯	130元
㉜中國秘傳氣功治百病	陳炳崑編譯	130元
㉟仙人長生不老學	陸明編譯	100元
㊱釋迦秘傳米粒刺激法	鐘文訓譯	120元
㊲痔・治療與預防	陸明編譯	130元
㊳自我防身絕技	陳炳崑編譯	120元
㊴運動不足時疲勞消除法	廖松濤譯	110元
㊵三溫暖健康法	鐘文訓編譯	90元
㊸維他命與健康	鐘文訓譯	150元
㊺森林浴—綠的健康法	劉華亭編譯	80元
㊼導引術入門⑷酒浴健康法	成玉主編	90元
㊽導引術入門⑸不老回春法	成玉主編	90元
㊾山白竹（劍竹）健康法	鐘文訓譯	90元
㊿解救你的心臟	鐘文訓編譯	100元
51牙齒保健法	廖玉山譯	90元
52超人氣功法	陸明編譯	110元
54借力的奇蹟⑴	力拔山著	100元
55借力的奇蹟⑵	力拔山著	100元
56五分鐘小睡健康法	呂添發撰	120元
57禿髮、白髮預防與治療	陳炳崑撰	120元
59艾草健康法	張汝明編譯	90元
60一分鐘健康診斷	蕭京凌編譯	90元
61念術入門	黃靜香編譯	90元
62念術健康法	黃靜香編譯	90元
63健身回春法	梁惠珠編譯	100元
64姿勢養生法	黃秀娟編譯	90元
65仙人瞑想法	鐘文訓譯	120元
66人蔘的神效	林慶旺譯	100元
67奇穴治百病	吳通華著	120元
68中國傳統健康法	靳海東著	100元
71酵素健康法	楊　皓編譯	120元
73腰痛預防與治療	五味雅吉著	130元
74如何預防心臟病・腦中風	譚定長等著	100元
75少女的生理秘密	蕭京凌譯	120元

⑯頭部按摩與針灸	楊鴻儒譯	100元
⑰雙極療術入門	林聖道著	100元
⑱氣功自療法	梁景蓮著	120元
⑲大蒜健康法	李玉瓊編譯	100元
81健胸美容秘訣	黃靜香譯	120元
82鍺奇蹟療效	林宏儒譯	120元
83三分鐘健身運動	廖玉山譯	120元
84尿療法的奇蹟	廖玉山譯	120元
85神奇的聚積療法	廖玉山譯	120元
86預防運動傷害伸展體操	楊鴻儒編譯	120元
88五日就能改變你	柯素娥譯	110元
89三分鐘氣功健康法	陳美華譯	120元
91道家氣功術	早島正雄著	130元
92氣功減肥術	早島正雄著	120元
93超能力氣功法	柯素娥譯	130元
94氣的瞑想法	早島正雄著	120元

•家庭／生活• 電腦編號05

①單身女郎生活經驗談	廖玉山編著	100元
②血型•人際關係	黃靜編著	120元
③血型•妻子	黃靜編著	110元
④血型•丈夫	廖玉山編譯	130元
⑤血型•升學考試	沈永嘉編譯	120元
⑥血型•臉型•愛情	鐘文訓編譯	120元
⑦現代社交須知	廖松濤編譯	100元
⑧簡易家庭按摩	鐘文訓編譯	150元
⑨圖解家庭看護	廖玉山編譯	120元
⑩生男育女隨心所欲	岡正基編著	160元
⑪家庭急救治療法	鐘文訓編著	100元
⑫新孕婦體操	林曉鐘譯	120元
⑬從食物改變個性	廖玉山編譯	100元
⑭藥草的自然療法	東城百合子著	200元
⑮糙米菜食與健康料理	東城百合子著	180元
⑯現代人的婚姻危機	黃　靜編著	90元
⑰親子遊戲　0歲	林慶旺編譯	100元
⑱親子遊戲　1～2歲	林慶旺編譯	110元
⑲親子遊戲　3歲	林慶旺編譯	100元
⑳女性醫學新知	林曉鐘編譯	130元
㉑媽媽與嬰兒	張汝明編譯	180元
㉒生活智慧百科	黃　靜編譯	100元

㉓手相・健康・你	林曉鐘編譯	120元
㉔菜食與健康	張汝明編譯	110元
㉕家庭素食料理	陳東達著	140元
㉖性能力活用秘法	米開・尼里著	150元
㉗兩性之間	林慶旺編譯	120元
㉘性感經穴健康法	蕭京凌編譯	150元
㉙幼兒推拿健康法	蕭京凌編譯	100元
㉚談中國料理	丁秀山編著	100元
㉛舌技入門	增田豐　著	160元
㉜預防癌症的飲食法	黃静香編譯	150元
㉝性與健康寶典	黃静香編譯	180元
㉞正確避孕法	蕭京凌編譯	130元
㉟吃的更漂亮美容食譜	楊萬里著	120元
㊱圖解交際舞速成	鐘文訓編譯	150元
㊲觀相導引術	沈永嘉譯	130元
㊳初為人母12個月	陳義譯	180元
㊴圖解麻將入門	顧安行編譯	160元
㊵麻將必勝秘訣	石利夫編譯	160元
㊶女性一生與漢方	蕭京凌編譯	100元
㊷家電的使用與修護	鐘文訓編譯	160元
㊸錯誤的家庭醫療法	鐘文訓編譯	100元
㊹簡易防身術	陳慧珍編譯	150元
㊺茶健康法	鐘文訓編譯	130元
㊻雞尾酒大全	劉雪卿譯	180元
㊼生活的藝術	沈永嘉編著	120元
㊽雜草雜果健康法	沈永嘉編著	120元
㊾如何選擇理想妻子	荒谷慈著	110元
㊿如何選擇理想丈夫	荒谷慈著	110元
51中國食與性的智慧	根本光人著	150元
52開運法話	陳宏男譯	100元
53禪語經典<上>	平田精耕著	150元
54禪語經典<下>	平田精耕著	150元
55手掌按摩健康法	鐘文訓譯	180元
56脚底按摩健康法	鐘文訓譯	150元
57仙道運氣健身法	李玉瓊譯	150元
58健心、健體呼吸法	蕭京凌譯	120元
59自彊術入門	蕭京凌譯	120元
60指技入門	增田豐著	160元
61下半身鍛鍊法	增田豐著	180元
62表象式學舞法	黃靜香編譯	180元
63圖解家庭瑜伽	鐘文訓譯	130元

㊽食物治療寶典	黃靜香編譯	130元
㊿智障兒保育入門	楊鴻儒譯	130元
⑯自閉兒童指導入門	楊鴻儒譯	180元
⑰乳癌發現與治療	黃靜香譯	130元
⑱盆栽培養與欣賞	廖啟新編譯	180元
⑲世界手語入門	蕭京凌編譯	180元
⑳賽馬必勝法	李錦雀編譯	200元
㉑中藥健康粥	蕭京凌編譯	120元
㉒健康食品指南	劉文珊編譯	130元
㉓健康長壽飲食法	鐘文訓編譯	150元
㉔夜生活規則	增田豐著	160元
㉕自製家庭食品	鐘文訓編譯	200元
㉖仙道帝王招財術	廖玉山譯	130元
㉗「氣」的蓄財術	劉名揚譯	130元
㉘佛教健康法入門	劉名揚譯	130元
㉙男女健康醫學	郭汝蘭譯	150元
㉚成功的果樹培育法	張煌編譯	130元
㉛實用家庭菜園	孔翔儀編譯	130元
㉜氣與中國飲食法	柯素娥編譯	130元
㉝世界生活趣譚	林其英著	160元
㉞胎教二八〇天	鄭淑美譯	180元
㉟酒自己動手釀	柯素娥編著	160元
㊱自己動「手」健康法	手嶋昇著	160元
㊲香味活用法	森田洋子著	160元
㊳寰宇趣聞搜奇	林其英著	200元
㊴手指回旋健康法	栗田昌裕著	200元
㊵家庭巧妙收藏	蘇秀玉譯	200元

・命理與預言・電腦編號06

①星座算命術	張文志譯	120元
②中國式面相學入門	蕭京凌編著	180元
③圖解命運學	陸明編著	200元
④中國秘傳面相術	陳炳崑編著	110元
⑤13星座占星術	馬克・矢崎著	200元
⑥命名彙典	水雲居士編著	180元
⑦簡明紫微斗術命運學	唐龍編著	130元
⑧住宅風水吉凶判斷法	琪輝編譯	180元
⑨鬼谷算命秘術	鬼谷子著	200元
⑩密教開運咒法	中岡俊哉著	250元
⑪女性星魂術	岩滿羅門著	200元

⑫簡明四柱推命學	李常傳編譯	150元
⑬手相鑑定奧秘	高山東明著	200元
⑭簡易精確手相	高山東明著	200元
⑮啟示錄中的世界末日	蘇燕謀編譯	80元
⑯女巫的咒法	柯素娥譯	230元
⑰六星命運占卜學	馬文莉編著	230元
⑱樸克牌占卜入門	王家成譯	100元
⑲Ａ血型與十二生肖	鄒雲英編譯	90元
⑳Ｂ血型與十二生肖	鄒雲英編譯	90元
㉑Ｏ血型與十二生肖	鄒雲英編譯	100元
㉒ＡＢ血型與十二生肖	鄒雲英編譯	90元
㉓筆跡占卜學	周子敬著	220元
㉔神秘消失的人類	林達中譯	80元
㉕世界之謎與怪談	陳炳崑譯	80元
㉖符咒術入門	柳玉山人編	150元
㉗神奇的白符咒	柳玉山人編	160元
㉘神奇的紫符咒	柳玉山人編	200元
㉙秘咒魔法開運術	吳慧鈴編譯	180元
㉚諾米空秘咒法	馬克・矢崎著	220元
㉛改變命運的手相術	鐘文訓編著	120元
㉜黃帝手相占術	鮑黎明著	230元
㉝惡魔的咒法	杜美芳譯	230元
㉞脚相開運術	王瑞禎譯	130元
㉟面相開運術	許麗玲譯	150元
㊱房屋風水與運勢	邱震睿編譯	160元
㊲商店風水與運勢	邱震睿編譯	200元
㊳諸葛流天文遁甲	巫立華譯	150元
㊴聖帝五龍占術	廖玉山譯	180元
㊵萬能神算	張助馨編著	120元
㊶神祕的前世占卜	劉名揚譯	150元
㊷諸葛流奇門遁甲	巫立華譯	150元
㊸諸葛流四柱推命	巫立華譯	180元
㊹室內擺設創好運	小林祥晃著	200元
㊺室內裝潢開運法	小林祥晃著	230元
㊻新・大開運吉方位	小林祥晃著	200元
㊼風水的奧義	小林祥晃著	200元
㊽開運風水收藏術	小林祥晃著	200元
㊾商場開運風水術	小林祥晃著	200元

•教養特輯•電腦編號07

①管教子女絕招	多湖輝著	70元
⑤如何教育幼兒	林振輝譯	80元
⑥看圖學英文	陳炳崑編著	90元
⑦關心孩子的眼睛	陸明編	70元
⑧如何生育優秀下一代	邱夢蕾編著	100元
⑩現代育兒指南	劉華亭編譯	90元
⑫如何培養自立的下一代	黃静香編譯	80元
⑭教養孩子的母親暗示法	多湖輝著	90元
⑮奇蹟教養法	鐘文訓編譯	90元
⑯慈父嚴母的時代	多湖輝著	90元
⑰如何發現問題兒童的才智	林慶旺譯	100元
⑱再見！夜尿症	黃静香編譯	90元
⑲育兒新智慧	黃静編譯	90元
⑳長子培育術	劉華亭編譯	80元
㉑親子運動遊戲	蕭京凌編譯	90元
㉒一分鐘刺激會話法	鐘文訓編著	90元
㉓啟發孩子讀書的興趣	李玉瓊編著	100元
㉔如何使孩子更聰明	黃静編著	100元
㉕3·4歲育兒寶典	黃静香編譯	100元
㉖一對一教育法	林振輝編譯	100元
㉗母親的七大過失	鐘文訓編譯	100元
㉘幼兒才能開發測驗	蕭京凌編譯	100元
㉙教養孩子的智慧之眼	黃静香編譯	100元
㉚如何創造天才兒童	林振輝編譯	90元
㉛如何使孩子數學滿點	林明嬋編著	100元

•消遣特輯•電腦編號08

①小動物飼養秘訣	徐道政譯	120元
②狗的飼養與訓練	張文志譯	130元
③四季釣魚法	釣朋會編	120元
④鴿的飼養與訓練	林振輝譯	120元
⑤金魚飼養法	鐘文訓編譯	130元
⑥熱帶魚飼養法	鐘文訓編譯	180元
⑧妙事多多	金家驊編譯	80元
⑨有趣的性知識	蘇燕謀編譯	100元
⑩圖解攝影技巧	譚繼山編譯	220元
⑪100種小鳥養育法	譚繼山編譯	200元

⑫樸克牌遊戲與贏牌秘訣	林振輝編譯	120元
⑬遊戲與餘興節目	廖松濤編著	100元
⑭樸克牌魔術・算命・遊戲	林振輝編譯	100元
⑯世界怪動物之謎	王家成譯	90元
⑰有趣智商測驗	譚繼山譯	120元
⑲絕妙電話遊戲	開心俱樂部著	80元
⑳透視超能力	廖玉山譯	90元
㉑戶外登山野營	劉青篁編譯	90元
㉒測驗你的智力	蕭京凌編著	90元
㉓有趣數字遊戲	廖玉山編著	90元
㉔巴士旅行遊戲	陳羲編著	110元
㉕快樂的生活常識	林泰彥編著	90元
㉖室內室外遊戲	蕭京凌編著	110元
㉗神奇的火柴棒測驗術	廖玉山編著	100元
㉘醫學趣味問答	陸明編譯	90元
㉙樸克牌單人遊戲	周蓮芬編譯	130元
㉚靈驗樸克牌占卜	周蓮芬編譯	120元
㉜性趣無窮	蕭京凌編譯	110元
㉝歡樂遊戲手册	張汝明編譯	100元
㉞美國技藝大全	程玫立編譯	100元
㉟聚會即興表演	高育強編譯	90元
㊱恐怖幽默	幽默選集編譯組	120元
㊲兩性幽默	幽默選集編譯組	100元
㊹藝術家幽默	幽默選集編譯組	100元
㊺旅遊幽默	幽默選集編譯組	100元
㊻投機幽默	幽默選集編譯組	100元
㊼異色幽默	幽默選集編譯組	100元
㊽青春幽默	幽默選集編譯組	100元
㊾焦點幽默	幽默選集編譯組	100元
㊿政治幽默	幽默選集編譯組	130元
51美國式幽默	幽默選集編譯組	130元

・語文特輯・電腦編號09

①日本話1000句速成	王復華編著	60元
②美國話1000句速成	吳銘編著	60元
③美國話1000句速成　附卡帶		220元
④日本話1000句速成　附卡帶		220元
⑤簡明日本話速成	陳炳崑編著	90元
⑳學會美式俚語會話	王嘉明著	220元

・武術特輯・電腦編號 10

①陳式太極拳入門	馮志強編著	150元
②武式太極拳	郝少如編著	150元
③練功十八法入門	蕭京凌編著	120元
④教門長拳	蕭京凌編譯	150元
⑤跆拳道	蕭京凌編譯	180元
⑥正傳合氣道	程曉鈴譯	180元
⑦圖解雙節棍	陳銘遠著	150元
⑧格鬥空手道	鄭旭旭編著	180元
⑨實用跆拳道	陳國榮編著	200元
⑩武術初學指南	李文英、解守德編著	250元
⑪泰國拳	陳國榮著	180元
⑫中國式摔跤	黃　斌編著	180元
⑬太極劍入門	李德印編著	180元
⑭太極拳運動	運動司編	220元
⑮太極拳譜	清・王宗岳等著	280元
⑯散手初學	冷　峰編著	180元
⑰南拳	朱瑞琪編著	180元

・趣味益智百科・電腦編號 11

②神奇魔術入門	陳炳崑譯	70元
③智商180訓練金頭腦	徐道政譯	90元
④趣味遊戲107入門	徐道政譯	60元
⑤漫畫入門	張芳明譯	70元
⑥氣象觀測入門	陳炳崑譯	50元
⑦圖解游泳入門	黃慶篤譯	80元
⑨少女派對入門	陳昱仁譯	70元
⑩簡易勞作入門	陳昱仁譯	70元
⑪手製玩具入門	趣味百科編譯組	80元
⑫圖解遊戲百科	趣味百科編譯組	70元
⑬奇妙火柴棒遊戲	趣味百科編譯組	70元
⑭奇妙手指遊戲	趣味百科編譯組	70元
⑮快樂的勞作—走	趣味百科編譯組	70元
⑯快樂的勞作—動	趣味百科編譯組	70元
⑰快樂的勞作—飛	趣味百科編譯組	70元
⑱不可思議的恐龍	趣味百科編譯組	70元
⑲不可思議的化石	趣味百科編譯組	70元
⑳偵探推理入門	趣味百科編譯組	70元

㉑愛與幸福占星術	趣味百科編譯組	70元

・文學叢書・電腦編號 50

①寄給異鄉的女孩	陳長慶著	180元
②螢	陳長慶著	180元
③再見海南島、海南島再見	陳長慶著	180元

國家圖書館出版品預行編目資料

金玉良言撼人心／森純大著；劉雪卿譯
——初版，——臺北市，大展，民86
面；　公分，——（社會人智囊；25）
譯自：心を打つ金言名句
ISBN 957-557-709-4（平裝）

1. 格言

192.8　　86004584

金玉良言撼人心

ISBN 957-557-709-4

原著者／森　純　大
編著者／劉　雪　卿
發行人／蔡　森　明
出版者／大展出版社有限公司
社　址／台北市北投區（石牌）致遠一路2段12巷1號
電　話／（02）8236031・8236033
傳　真／（02）8272069
郵政劃撥／0166955-1
登記證／局版臺業字第2171號
承印者／高星企業有限公司
裝　訂／日新裝訂所
排版者／弘益電腦排版有限公司
電　話／（02）5611592
初版1刷／1997年（民86年）5月

定　價／180元

大展好書 好書大展

大展好書 好書大展